# 体育教学模式的探索与实践

张乾霄 著

同济大学出版社·上海
TONGJI UNIVERSITY PRESS·SHANGHAI

## 内 容 提 要

本书首先界定体育教学模式的概念、类型、构建原则、设计方法及其核心实践意义。深入剖析五种代表性模式：启发式体育教学模式、体验式体育教学模式、竞技体育教学模式、健身休闲体育教学模式以及信息化体育教学模式。最后，探讨体育教学模式与学校体育文化建设的深刻联系，分析不同教学模式对校园体育文化的影响，以及如何利用教学模式有效传承与创新体育文化，旨在为提升体育教学质量、促进学生全面发展和推动学校体育文化建设提供理论与实践指导。

**图书在版编目（CIP）数据**

体育教学模式的探索与实践 / 张乾霄著. -- 上海：同济　学出版社, 2025.6. -- ISBN 978-7-5765-1657-9

Ⅰ．G807.01

中国国家版本馆 CIP 数据核字第 2025ZG9967 号

## 体育教学模式的探索与实践
张乾霄　著

| 责任编辑 | 刘　丽 | 责任校对 | 金梦莹 | 封面设计 | 张田田 |

出版发行　同济大学出版社　　www.tongjipress.com.cn
　　　　　（地址：上海市四平路1239号　邮编：200092　电话：021-65985622）
经　　销　全国各地新华书店
印　　刷　上海新华印刷有限公司
开　　本　787mm×1092mm　1/16
印　　张　12.25
字　　数　220 000
版　　次　2025年6月第1版
印　　次　2025年6月第1次印刷
书　　号　ISBN 978-7-5765-1657-9
定　　价　69.00元

本书若有印装质量问题，请向本社发行部调换　　版权所有　侵权必究

# 前 言

在当今社会,体育教育作为培养全面发展型人才的重要组成部分,其教学模式的创新与实践显得尤为重要。随着教育理念的不断更新和科学技术的飞速发展,传统体育教学模式已难以满足新时代对体育教育的需求。因此,探索适应新时代特点的体育教学模式,成为教育工作者面临的一个重要课题。

本书从体育教学模式概述入手,阐述了启发式体育教学模式、体验式体育教学模式,然后论述了竞技体育教学模式、健身休闲体育教学模式、信息化体育教学模式以及体育教学模式与学校体育文化建设。希望通过本书的介绍,能够为读者提供体育教学模式的探索与实践方面的帮助。

本书由张乾霄(四川工商学院体育学院)著。在写作过程中,笔者参阅了相关文献资料,在此,谨向其作者深表谢忱。由于水平有限,疏漏之处在所难免,恳请读者批评指正,并欢迎同行不吝赐教。

著　者

2025 年 3 月

# 目　录

前言
第一章　体育教学模式概述 …………………………………………………… 1
　　第一节　体育教学模式的定义与类型 ……………………………………… 1
　　第二节　体育教学模式的构建原则 ………………………………………… 9
　　第三节　体育教学模式的设计方法 ………………………………………… 18
　　第四节　体育教学模式的实践意义 ………………………………………… 24
第二章　启发式体育教学模式 ………………………………………………… 31
　　第一节　启发式体育教学的概念与特点 …………………………………… 31
　　第二节　启发式体育教学模式的理论依据 ………………………………… 37
　　第三节　启发式体育教学模式的教学过程 ………………………………… 44
第三章　体验式体育教学模式 ………………………………………………… 52
　　第一节　体验式体育教学的内涵与特点 …………………………………… 52
　　第二节　体验式体育教学的实施策略 ……………………………………… 59
　　第三节　体验式体育教学在技能培养中的作用 …………………………… 68
第四章　竞技体育教学模式 …………………………………………………… 77
　　第一节　竞技体育教学的目标与任务 ……………………………………… 77
　　第二节　竞技体育教学的方法与手段 ……………………………………… 86
　　第三节　竞技体育教学的组织与管理 ……………………………………… 95
　　第四节　竞技体育教学的心理训练与调控 ………………………………… 102
第五章　健身休闲体育教学模式 ……………………………………………… 109
　　第一节　健身休闲体育教学模式概述 ……………………………………… 109
　　第二节　健身休闲体育教学内容的多样性 ………………………………… 116

第三节 健身休闲体育教学方法的灵活性 …………………………… 123
第四节 健身休闲体育教学模式的推广策略 ………………………… 130

**第六章 信息化体育教学模式** …………………………………………… 138
第一节 信息化体育教学的技术支撑 ………………………………… 138
第二节 信息化体育教学的资源整合 ………………………………… 147
第三节 信息化体育教学的互动平台 ………………………………… 156

**第七章 体育教学模式与学校体育文化建设** …………………………… 167
第一节 学校体育文化的内涵与特征 ………………………………… 167
第二节 体育教学模式对学校体育文化建设的影响 ………………… 176
第三节 利用体育教学模式传承与创新学校体育文化 ……………… 183

**参考文献** …………………………………………………………………… 190

# 第一章　体育教学模式概述

## 第一节　体育教学模式的定义与类型

### 一、体育教学模式的基本定义

#### (一)内涵

体育教学模式作为教育领域的重要范式,其内涵深刻且具有多样性。它不仅仅是教学方法的组合,更是涉及教学的整体框架和结构。该模式强调教师、学生及教学内容之间的互动关系,旨在通过系统化的教学设计促进学习效果的最大化。体育教学模式的基本概念指出,教学不仅是单向的知识传递过程,而是一个动态的、互动的过程,教师和学生在这个过程中共同参与、共同成长。通过这种互动,学生不仅能够更好地理解和掌握体育技能,还能够在身体素质、心理素质以及社会适应能力等方面得到全面发展。

体育教学模式强调以学生为中心,注重学生的参与感和自主学习能力。这种以学生为中心的教学理念不仅体现在教学活动的设计中,还体现在教学目标的设定上。通过鼓励学生积极参与体育活动,教师可以帮助学生培养良好的运动习惯和健康的生活方式。同时,体育教学模式也注重学生的自主学习能力的培养,通过自主探究和合作学习等方式,促使学生在体育活动中不断挑战自我、超越自我,实现全面发展。

体育教学模式还包括多样性,涵盖了不同的教学方法和策略,以适应各种体育项目和学生的个体差异。这种多样性不仅体现在体育项目的选择上,还体现在教学方法的多样化上。教师可以根据不同的教学目标和学生的特点,选择合适的教学方法,如讲授法、示范法、合作学习法等,以提高教学效果和学生的学习兴趣。多样化的教学策略不仅能够满足不同学生的需求,还能够激发学生的创新思维和创造力,促进其全面发展。

#### (二)外延

体育教学模式的外延是指其涵盖的范围和产生的影响力。体育教学模式不仅仅是教学方法的集合,更是教育理念和教学实践的综合体现。其外延广泛,包括从教学目标的设定、教学内容的选择到教学评价的实施等多个方面。体育教学模式的分类主要包括传统模式、现代模式和混合模式等不同类型。传统模式通常注重技能的传授和体能的锻炼,而现代模式则更强调学生的自主学习和创新能力的培养。混合模式则结合了传统和现代的优点,力求在教学中实现更好的效果。

体育教学模式在不同教育阶段的应用也各具特点。在小学阶段,体育教学模式更注重游戏性和趣味性,以激发学生的运动兴趣为主。在中学阶段,体育教学则开始注重技能的提高和团队合作能力的培养。而在大学阶段,体育教学模式更多地关注学生的专业化发展和综合素养的提升。这种阶段性的差异使得体育教学模式在不同教育阶段能够更好地满足学生的特点与需求。

体育教学模式对教师专业发展的影响也不容忽视。通过不断探索和实践不同的教学模式,教师能够提升自身的教学能力和专业素养。教师需要根据学生的不同需求调整教学策略,从而在教学实践中实现自我提升。此外,体育教学模式还要求教师具备较高的反思能力,能够在教学过程中及时调整和优化教学方案,以适应不断变化的教学环境。

体育教学模式在促进学生心理健康与社会交往能力方面也发挥着重要作用。通过体育教学,学生不仅能够提高身体素质,还能在运动中培养自信心、责任感和团队合作精神。这些能力的提升有助于学生在社会交往中表现得更加积极主动,从而促进其心理健康的发展。

## 二、体育教学模式的核心要素

### (一)教学目标

体育教学模式的核心要素之一是明确的教学目标。教学目标不仅是体育教学的起点,还是整个教学过程的指导方针。体育教学需要明确长期与短期目标,以确保教学实践的方向和内容得以有效实施。长期目标通常关注于学生的全面发展,包括体能、技能、心理素质等多个方面的提升,而短期目标则更为具体,往往针对某一学期或某一课程的具体成效。这种目标体系的建立,有助于教师在教学过程中有的放矢,合理分配教学资源与时间,从而提高教学的有效性。

体育教学的另一个重要目标是促进学生身体素质的提升,增强其运动能力和健康水平。通过系统的体育教学,学生能够在多样化的运动项目中锻炼身体,提高耐力、力量、灵活性等身体素质。这不仅有助于学生在学业上保持良好的精力状态,还有助于他们养成健康的生活方式。体育教学应注重个体差异,因材施教,帮助每一位学生在原有基础上有所提高,达到最佳的身体状态。

培养学生的团队合作精神和集体意识也是体育教学目标的重要组成部分。在体育活动中,学生需要通过合作与沟通完成任务,这种经历能够有效提升他们的社交技能和团队协作能力。体育教学应通过设计团队项目和集体活动,鼓励学生在合作中理解团队的价值,学会尊重他人、包容差异,从而形成良好的集体意识。这种能力在他们未来的学习和工作中都将发挥重要作用。

体育教学还需激发学生的兴趣与热情,鼓励他们积极参与体育活动。兴趣是最好的老师,只有当学生对体育活动产生浓厚的兴趣时,他们才会主动参与并从中受益。教师可以通过多样化的教学方法和丰富的课程内容来激发学生的兴趣,例如引入新颖的运动项目、采用互动式教学等。此外,表扬与鼓励也是激发学生热情的重要手段,教师应善于发现并表彰学生在体育活动中的进步与成就。

## (二)教学内容

体育教学内容是体育教学模式中的关键要素,其设计与实施直接影响学生的学习效果和体育素养的提升。在体育教学中,教学内容的选择与设计需要强调个性化,依据学生的兴趣、能力和需求制定相应的课程方案。这种个性化的课程方案不仅能够激发学生的学习兴趣,还能帮助他们在体育活动中获得成就感和自信心,从而促进他们的全面发展。

在设计体育教学内容时,不同体育项目的教学目标与内容需要结合运动技能、规则理解及战术应用等多方面进行系统安排。通过这种多维度的教学设计,学生不仅能够掌握基本的运动技能,还能在实际运动中更好地理解和运用相关规则与战术。这种系统化的教学内容安排,有助于学生在体育活动中形成良好的运动习惯和团队合作精神。

跨学科融合的体育教学内容也是现代体育教学模式的重要趋势。将健康教育、心理学等领域的知识融入体育教学中,可以有效提升学生的综合素养。通过这种跨学科的教学设计,学生不仅能够提高身体素质,还能在心理素质、社会适应能力等方面得到全面发展。这种综合素养的提升,有助于学生在未来的学习和生活中更好地应对各种挑战。

体育教学内容还应注重实践与体验,鼓励学生在实际运动中探索和发现,从而提高学习的主动性。实践与体验式的教学能够让学生在真实的运动情境中应用所学知识,增强他们的学习动机和参与感。这种教学方式还能够帮助学生在运动中培养解决问题的能力和创新思维。

## (三)教学方法

在现代体育教学中,教学方法的多样化是提升学生参与度和兴趣的关键因素。通过引入游戏化教学、情境教学和探究式学习等多样化的教学方法,教师可以有效地激发学生的学习热情。这些方法不仅丰富了课堂内容,还能通过模拟真实情境和鼓励学生自主探究来深化学习效果。游戏化教学通过将学习内容融入游戏机制,使得学生在轻松愉悦的氛围中学习;情境教学则通过构建真实或模拟的情境,让学生在实践中理解和应用知识;探究式学习强调学生自主提出问题并寻找解决方案,培养其批判性思维和解决问题的能力。

以学生为中心的教学策略在体育教学中尤为重要。通过小组合作、角色扮演和自主学习等方式,教师可以增强学生的主动性和责任感。这种教学策略不仅提升了学生的学习积极性,还促进了其社交能力和团队合作精神的培养。在小组合作中,学生通过分工协作,共同完成任务,培养了团队意识和沟通技巧;角色扮演让学生在扮演不同角色的过程中体验不同的视角和责任;而自主学习则鼓励学生根据自身兴趣和节奏进行学习,增强其自律性和学习动力。

随着科技的进步,基于技术的教学方法在体育教学中扮演着越来越重要的角色。利用现代科技如视频分析、在线平台和虚拟现实,教师可以提升教学效果和学生的学习体验。视频分析可以帮助学生通过回放自己的运动表现进行自我评估和改进;在线平台为学生提供了丰富的学习资源和互动机会,打破了时间和空间的限制;虚拟现实技术则为学生提供了身临其境的体验,使得复杂的运动技能学习变得更加直观和生动。

差异化教学是现代体育教学中不可或缺的一部分。针对不同能力和需求的学生,制定个性化的教学方案,确保每位学生都能在适合自己的环境中成长。这种教学方法不仅尊重了学生的个体差异,还能最大限度地发挥每位学生的潜力。通过差异化教学,教师可以根据学生的兴趣、能力和学习风格调整教学内容和方法,确保每位学生都能获得最佳的学习体验和发展机会。

## 三、体育教学模式的主要类型

### (一)传统教学模式

传统教学模式在体育教育中占据着重要地位，其核心在于强调教师的主导地位。在这种模式下，教师被视为课堂的中心，承担着主要的讲解与示范责任。学生在课堂中往往处于被动的角色，他们的主要任务是听从教师的指导，通过观察和模仿来学习运动技能。这种以教师为中心的教学方式，虽然能确保信息的准确传达，但也在一定程度上限制了学生的自主性和创造性。

传统教学模式通常采用大班授课的形式，课堂上以讲授为主。由于班级人数较多，教师难以顾及每位学生的个体需求，导致学生参与互动的机会较少。课堂教学主要依赖于教师的讲解，学生通过听讲和模仿来获取知识和技能。这种方式虽然在短时间内可以传授大量的信息，但缺乏对学生实践能力的培养。学生在课堂上更多的是被动接受，而不是主动探索和实践。

在传统教学模式中，运动技能的传授是其核心目标。课程内容往往围绕基础技能的练习和重复，以确保学生能够掌握基本的运动动作。这种方法的优点在于可以在短时间内提高学生的运动技能水平。然而，过于强调技能的传授，可能忽视了对学生综合素质的培养。学生在学习过程中，往往只关注技能的掌握，而忽略了对运动兴趣的培养和心理素质的提升。

该模式的评估方式主要依赖于标准化测试和技能考核，关注学生的运动表现和成绩。通过这种方式，可以客观地衡量学生的技能水平，但却较少考虑学生的个体差异与心理发展。这种评估方式虽然在一定程度上能够激励学生提高成绩，但也可能导致学生过于追求结果，而忽视了学习过程中的体验和成长。

### (二)现代教学模式

现代教学模式在体育教学中占据重要地位，其核心在于以学生为中心，强调学生在学习过程中的主动参与性。这种模式不仅仅是知识的传授，更是培养学生自主学习能力和责任感的重要途径。通过让学生在课堂上主动探索和参与，他们能够更好地理解和内化所学内容，从而在体育学习中获得更深刻的体验和成长。

现代教学模式的一个显著特点是其多样化的教学方法。通过引入趣味化、情境模拟和探究式学习等方式，教师可以有效激发学生的兴趣和参与度。游戏化的教学方法能够将复杂的体育技能转化为有趣的活动,使学生在轻松愉快的氛围中掌握技术要点。情境模拟则通过构建真实或虚拟的场景,让学生在模拟的环境中进行实践,提升其应对实际问题的能力。探究式学习鼓励学生提出问题、进行实验和反思,从而培养他们的批判性思维和解决问题的能力。

跨学科融合是现代教学模式的另一重要特征。在体育教学中,结合健康教育、心理学等领域的知识,可以提升学生的综合素养和实际应用能力。通过跨学科的学习,学生不仅能够掌握体育技能,还能了解相关的健康知识和心理调适方法,这对于他们的全面发展至关重要。这样的教学方法有助于培养学生的多元思维能力,使他们在面对复杂的现实问题时能够综合运用各种知识和技能进行分析和解决。

现代科技的应用为现代教学模式增添了新的活力。利用视频分析和在线学习平台等现代科技手段,教师可以为学生提供更丰富的学习体验和反馈机制。视频分析技术可以帮助学生细致观察自己的动作并进行改进,而在线学习平台则为学生提供了随时随地的学习机会和资源。通过这些科技手段,学生能够更加自主地管理自己的学习进程,获得即时的反馈和指导,从而不断提升自己的学习效果。

### (三)综合教学模式

综合教学模式是现代体育教学领域中备受关注的一种方法。其核心在于结合传统与现代教学方法,通过优化教师与学生的互动来提高课堂的参与感和学习效果。这一模式不仅仅是方法的简单叠加,而是通过深思熟虑的设计来实现教学目标的最大化。教师在课堂上不仅是知识的传授者,更是学生学习的促进者,他们通过引导和激励,使学生在学习过程中保持高度的参与度和积极性。这种教学模式的实施需要教师具备良好的教学设计能力和灵活应变的教学技巧,以应对不同课堂情境下的挑战。

综合教学模式的另一个显著特点是其灵活的课程设计能力。课程内容可以根据学生的需求和兴趣进行调整,以促进个性化学习的实现。这种灵活性不仅体现在课程内容的选择上,也体现在教学方法的多样性上。教师可以根据学生的反馈和课堂的实际情况,灵活调整教学策略,以确保每个学生都能在自己的节奏中获得最佳的学习体验。这种以学生为中心的教学理念,使得综合教学模式能够有效地促进学生的自主学习能力和创新思维的发展。

团队合作与社交技能的培养是综合教学模式的另一个重要组成部分。通过小组活动和集体项目,学生在合作中学习,在交流中成长。这种教学模式强调学生之间的互动与交流,旨在通过团队合作的形式,培养学生的社交能力和团队意识。在小组活动中,学生不仅要完成任务,还需要在团队中扮演不同的角色,承担不同的责任,这对学生的综合素质提出了更高的要求。这种实践性的学习方式,有助于学生在真实的情境中锻炼自己的沟通能力和解决问题的能力。

在综合教学模式中,评估方式的多样化也是其一大特色。评估不再仅仅依赖于传统的技能测试,而是更加注重学生的自我评估和同伴反馈。这种多元化的评估方式,不仅可以全面反映学生的学习成果,还可以促进学生的自我反思和持续改进。通过同伴反馈,学生可以获得来自同龄人的不同视角的评价,从而更好地认识到自己的优缺点。这种评估方式的多样化,不仅提高了评估的公平性和科学性,也激发了学生的学习动机和参与积极性。

## 四、体育教学模式的适用范围

### (一)学校体育

学校体育在现代教育体系中扮演着重要角色,其教学模式的设计应充分结合学生的兴趣与发展需求。通过多样化的课程内容,学校体育可以有效提升学生的参与度与学习动机。在设计体育课程时,教师应考虑到学生的个体差异,提供丰富的选择,使每位学生都能找到适合自己的运动项目。这不仅激发了学生的兴趣,也有助于他们在体育活动中获得成就感,进而增强学习动机和积极性。

在学校体育教学中,团队合作与社交技能的培养同样至关重要。通过小组活动和集体项目,学生可以在互动与协作中学习到团队合作的重要性。这些活动不仅可以提高学生的运动技能,更能培养他们的沟通能力和社交技巧。通过体育活动建立的团队精神和合作意识,将为学生在未来的学习和生活中提供重要支持,帮助他们更好地适应社会环境。

学校体育还应注重实践与体验,通过鼓励学生在实际运动中探索和发现,提升其自主学习与问题解决能力。在体育教学中,教师可以通过设计挑战性任务和问题情境,引导学生主动思考和解决问题。这种实践导向的教学方式,不仅提升了学生的运动技能,还培养了他们的创新思维和批判性思维能力,使其在体育学习中实现全面发展。

现代科技的应用为学校体育教学带来了新的契机。通过在线学习平台和视频分析,教师可以为学生提供更为丰富的学习资源和个性化的指导。这些科技手段不仅提升了体育教学的效果,还改善了学生的学习体验,使其能够在更为灵活和多样的环境中进行体育学习。此外,科技的应用还可以帮助教师更好地了解学生的学习进度和需求,从而提供更为精准的教学支持。

## (二)社区体育

社区体育在现代社会中扮演着至关重要的角色,其教学模式的设计需要特别关注多样化活动的安排。这种多样化不仅体现在活动的类型上,还应考虑到不同年龄段和能力水平参与者的需求。通过提供丰富多样的活动,社区体育能够有效地提升参与者的参与感和乐趣,从而吸引更多的居民加入体育活动。多样化的活动设计不仅有助于提高参与者的身体素质,还能在一定程度上满足其心理需求,使其在参与过程中体验到成就感和快乐。

在社区体育的实施过程中,与地方体育组织和社区资源的合作显得尤为重要。这种合作能够为社区居民提供更加丰富的课程和活动选择,进而促进他们的身体健康和社会交往。通过整合各种资源,社区体育可以为居民创造一个良好的体育环境,鼓励他们积极参与其中。此外,这种合作还能够加强社区的凝聚力,促进居民之间的交流与合作,使体育活动成为社区生活的重要组成部分。

社区体育教学模式还应特别强调自我管理和自主学习能力的培养。通过鼓励参与者设定个人目标并进行自我评估,社区体育能够帮助参与者提高自律性和自我反思能力。这种能力的培养不仅有助于参与者在体育活动中取得更好的效果,还能够在他们的日常生活中发挥积极作用。通过自主设定目标,参与者能够更有针对性地参与活动,并在活动中不断挑战自我,实现个人能力的提升。

现代科技手段的应用为社区体育的推广和发展提供了新的契机。通过利用社交媒体和在线平台,社区体育可以更有效地进行活动宣传,并增强参与者之间的互动。这种互动不仅能够提升整体参与度,还能为参与者提供一个分享经验和交流心得的平台,使他们在参与过程中感受到集体的力量和支持。此外,现代科技的应用还能够帮助社区体育更好地收集和分析参与者的数据,从而为活动的改进和优化提供有力的支持。

## (三)专业体育培训

专业体育培训作为体育教学模式的一种特殊应用,旨在通过系统化的训练方法和科学的管理手段,实现运动员技能、身体素质和心理素质的全面提升。在设定专业体育培训的目标时,需要综合考虑运动员的个人特点和团队需求,以确保其在各个方面得到均衡发展。技能提升是专业体育培训的核心目标,通过针对性训练和技术指导,运动员能够在短时间内掌握必要的技术动作和战术策略。此外,身体素质的增强也是专业体育培训的重要内容,通过科学的体能训练计划,运动员可以提高力量、速度、耐力等基本能力,为竞技表现提供坚实的基础。同时,心理素质的培养不可忽视,通过心理辅导和压力管理,运动员能够在比赛中保持良好的心理状态,以达到最佳竞技表现。

在专业体育培训中,个性化计划的制订是提高训练效果的关键。每位运动员的身体条件、技术水平和发展潜力各不相同,因此,训练计划必须根据运动员的特长和需求进行个性化设计。通过科学的评估手段,教练可以准确把握运动员的能力现状,并制定相应的训练方案,确保每个运动员都能在适合自己的节奏下稳步提升。个性化计划的实施不仅提高了训练的针对性,还能激发运动员的内在动力,增加他们对训练的参与感和投入度,最终达到事半功倍的效果。

科学的评估与反馈机制是专业体育培训不可或缺的组成部分。通过定期测试和评估,运动员能够清晰地了解自己的进步与不足之处,这不仅有助于增强他们的自信心,还能为教练调整训练计划提供重要依据。评估的内容应涵盖技术动作、体能指标和心理状态等多个方面,以全面反映运动员的综合素质。反馈的方式可以多样化,包括数据分析、视频回放和面对面交流等,以确保运动员能够从中获得有价值的信息,指导他们的训练和比赛。

团队合作与沟通能力的培养在专业体育培训中同样重要。通过集体训练和比赛,运动员不仅可以提高个人能力,还能增强团队的协作精神。教练应注重设计团队合作的训练项目,培养运动员在比赛中相互配合、互相支持的意识。同时,良好的沟通能力也是团队成功的关键,通过日常训练中的交流和互动,运动员可以提高表达能力和倾听能力,促进团队内部的和谐与默契。

# 第二节 体育教学模式的构建原则

## 一、以学生为中心的教学原则

### (一)学生需求分析

在体育教学中,学生需求分析是构建有效教学模式的基础。通过深入了解学生的兴趣与动机,教师可以设计出更具吸引力和针对性的体育课程。兴趣是学生参与体育活动的内在驱动力,而动机则是他们持续参与的关键因素。因此,教师在课程设计时需充分考虑学生的兴趣爱好,并结合动机理论,以激发学生的学习热情和积极性。通过调查问卷、访谈等方式收集学生的兴趣数据,教师能够更准确地把握学生的需求,从而制定出符合学生期望的课程内容。

评估学生的身体素质与运动能力是确保体育课程适应性与挑战性的关键。每个学生的身体条件不同,运动能力也存在差异,因此,教师在设计课程时需充分考虑这些差异,以确保课程的适应性。通过身体素质测试和运动能力评估,教师可以了解学生的体能水平,从而制定出既具挑战性又能促进学生身体发展的课程内容。此外,适度的挑战能够激发学生的潜能,帮助他们在体育活动中获得成就感和自信心。

关注学生的心理状态与社交需求是促进其在体育活动中积极参与的重要因素。在体育教学中,学生不仅需要身体上的锻炼,还需要心理上的成长和社交能力的提升。通过观察学生在体育活动中的表现,教师可以识别出学生的心理状态,并提供适当的支持和引导。同时,体育活动中的团队合作和社交互动能够增强学生的沟通能力和团队意识,帮助他们在集体活动中找到归属感和成就感。

识别学生的学习风格与节奏是提供多样化教学方法的重要依据。每个学生的学习风格和节奏不同,教师需根据这些差异采用不同的教学策略,以满足个体化的学习需求。通过观察和分析学生的学习行为,教师可以识别出学生的学习偏好,从而采用适合的教学方法,如示范教学、合作学习等。同时,灵活调整教学节奏,确保每个学生都能跟上课程进度,并在学习过程中获得良好的体验。

### (二)个性化学习路径

个性化学习路径在体育教学中扮演着至关重要的角色。它强调根据每个学生的兴趣和目标来制订个性化的体育活动计划,这不仅提高了学生的参与感,也增强了他们的学习动机。通过这种方法,体育教学不再是单一的、统一的模式,而是变得更加灵活和贴合学生的需求。这种个性化的设计能够使学生在参与体育活动时感受到自身兴趣与目标的实现,从而在情感和心理上获得更大的满足感。

为了有效实施个性化学习路径,教师需要为不同能力水平的学生设计分层次的训练内容。这样做的目的是确保每位学生都能在适合自己的挑战下成长,而不是被迫去适应一个不适合自己的难度层次。分层次的训练内容不仅能够帮助高水平的学生更好地发挥自己的潜力,也能让能力较弱的学生在适当的挑战中逐步提升自己的技能和信心。这种方法强调个体差异,尊重每一位学生的独特性。

提供多样化的学习资源和方式也是个性化学习路径的重要组成部分。通过使用视频教程、互动游戏和实地训练等多种形式,教师可以满足学生不同的学习风格和偏好。这些资源不仅丰富了学生的学习体验,也为他们提供了更多的选择和可能性,使得体育学习不再局限于传统的课堂教学,而是拓展到了更广阔的领域和环境中。

定期与学生进行一对一的反馈交流是个性化学习路径的另一关键环节。通过这样的交流,教师能够帮助学生识别自己的优劣势,进而制订更加合理和切实可行的后续学习计划。这种反馈机制不仅提高了学生的自我认知能力,也增强了他们的学习动力和目标感。在这种持续的互动中,学生能够更加清晰地看到自己的进步和不足,从而不断调整和优化自己的学习策略。

### (三)学生自主性培养

在现代体育教学中,学生自主性培养是提升教学效果的重要原则。通过设定自主选择的运动项目,学生可以根据自身兴趣参与,这不仅激发了他们的学习主动性,还增强了他们对体育活动的热情。兴趣是学习的动力源泉,学生在参与自己喜爱的运动项目时,更容易投入其中,从而在不知不觉中提升了自身的运动技能和身体素质。这样的教学方式尊重了学生的个体差异,使得每个学生都能在适合自己的领域中获得成长。

在课堂上引入自主学习时间是培养学生自我管理能力的有效途径。通过让学生自行制订训练计划和目标,可促进其合理安排时间和资源,进而提高自我管理能力。这种自主学习的方式不仅提升了学生的责任意识,也使他们在制订和执行计划的过程中,逐渐形成良好的自律习惯。自我管理能力的培养对于学生未来的发展至关重要,它不仅在体育学习中有用,更是学生在其他学科及日常生活中取得成功的重要保障。

鼓励学生在小组中承担不同角色,并参与课程设计与实践,是提升其责任感和团队合作意识的关键。通过在小组活动中担任不同的角色,学生可以体验不同的责任和挑战,从而提高了他们的综合能力。参与课程设计与实施的过程,使学生更加理解教学目标和内容,增强了他们的参与感和责任感。同时,团队合作的经历也让学生学会了如何与他人沟通和协作,这对于他们在未来的社会生活中与他人建立良好关系具有重要意义。

提供反馈机制,提倡学生对教学内容和方法提出建议,是增强学生对学习过程的参与感与影响力的重要措施。通过反馈机制,学生可以表达自己的想法和需求,这不仅让他们感受到被尊重和重视,也促使他们更加积极地参与到学习过程中。这样的机制还可以帮助教师及时调整教学策略,以更好地满足学生的需求,从而提高教学效果。学生在这一过程中,既是学习的参与者,也是教学的合作者,这种双重身份的体验极大地提升了他们的学习积极性。

## 二、多样化教学的应用原则

### (一)传统与现代教学结合

传统与现代教学方法的结合在体育教学中扮演着至关重要的角色。传统教学方法以教师为中心,强调教师的主导作用,通过详细的讲解与示范,帮助学生掌握运动的基础技能。这种方式确保了学生能够扎实地掌握基本动作,为进一步的技能提升奠定了坚实的基础。然而,传统教学有时可能忽视了学生的个体差异与学习兴趣,这正是现代教学方法所要弥补的。现代教学方法更加注重学生的主动参与,通过游戏化的教学方式和情境模拟等手段,激发学生的学习兴趣与积极性。这种方法不仅提升了学生的学习体验,也促进了他们在运动中的创造性思维。

结合传统与现代教学的综合模式,为体育教学提供了一种灵活的课程调整机制。通过这种结合,教师可以根据学生的能力与兴趣灵活调整课程内容,满足不同学生的个性化学习需求。这种教学模式不仅能够促进学生的全面发展,还能帮助他们在体育活动中找到自己的兴趣点,增强学习的内在动力。在这样的课堂上,学生的个性与潜能得到了充分的尊重与激发,使得教学效果更加显著。

在教学过程中,传统与现代方法的结合不仅提升了课堂的互动性,还通过小组合作与集体活动增强了学生的社交技能与团队意识。传统教学方法中的个人练习与现代教学方法中的小组活动相结合,使学生在掌握个人技能的同时,也能在团队中找到自己的角色与价值。这种教学方式不仅有助于学生在体育活动中获得成就感,还能培养他们的合作精神与团队协作能力。

### (二)实践与理论教学结合

实践与理论教学结合在体育教学模式中扮演着关键角色。通过将理论知识的系统性与实践技能相结合,体育教学能够更有效地帮助学生理解运动的基本原理与技巧。在课堂上,教师通过详细的讲解和示范,使学生能够掌握运动的理论基础,并在实际运动中应用这些知识。这样的教学方式不仅提升了学生的运动能力,也促进了他们对体育科学的深入理解。通过理论与实践的结合,学生能够在真实的运动环境中体验到理论知识的实际应用,这种学习体验是单纯的理论教学无法替代的。

实践活动中的反思与理论学习的反馈机制是体育教学中不可或缺的部分。学生在参与运动实践后,通过自我评估和反思,能够对自己的运动表现进行分析。这种反思不仅有助于学生发现自身的不足,还能促进他们对理论知识的进一步深化。教师在指导学生进行反思时,可以引导他们将实践中的问题与理论知识相结合,从而帮助学生更好地理解运动的科学原理。这种反馈机制不仅提高了学生的学习效果,也增强了他们的自主学习能力。

在不同的运动项目中,理论与实践的交替进行是提升学生运动技能的有效方式。通过在不同项目中交替进行理论学习与实践训练,学生能够在多样化的运动环境中不断巩固和应用所学知识。这种教学策略有助于增强学生对运动技能的掌握与应用,提升其综合素养。在教学过程中,教师可以根据不同运动项目的特点,灵活调整理论与实践的比例,以达到最佳的教学效果。

### (三)团队与个体教学结合

在体育教学中,团队与个体教学结合的模式是实现多样化教学应用的关键策略之一。这种结合不仅能够满足不同学生的学习需求,还能促进他们在体育活动中的全面发展。团队教学模式强调通过集体活动培养学生的协作能力,这是现代体育教育的重要目标之一。在团队活动中,学生通过合作和互动,逐渐形成团队精神,这种精神不仅在体育活动中至关重要,也能帮助他们在日常生活和未来的工作中更好地合作与沟通。通过团队教学,学生能够在一个相对宽松的环境中学习如何与他人协作,如何在团队中找到自己的位置,从而在合作中学习与成长。

个体教学模式则更加关注每位学生的独特需求,提供个性化的指导和支持。每个学生都有不同的兴趣和能力,个体教学通过识别这些差异,为学生提供量身定制的学习环境,确保每位学生都能在适合自己的环境中获得成功。这种模式不仅能够帮助学生在体育活动中取得进步,还能提高他们的自信心和学习积极性。通过个体化的指导,学生能够更清晰地了解自己的优缺点,从而在教师的帮助下不断改进,增强学习的自主性和责任感。

在团队与个体教学结合的过程中,教师的角色尤为重要。教师需要根据学生的不同能力和兴趣,灵活调整活动形式,确保每个学生都能在团队中找到自己的角色。例如,教师可以通过设置小组任务,鼓励学生之间进行沟通与合作,提升他们的社交技能和解决问题的能力。同时,通过个体教学,教师能够定期为学生提供反馈与评估,帮助他们识别自身的优缺点,促进自我反思。这种结合不仅能够提高教学的有效性,还能为学生提供一个全面发展的平台,使他们在体育活动中获得更多的乐趣和成就感。

## 三、教学过程的互动性原则

### (一)师生互动策略

师生互动在体育教学中扮演着至关重要的角色。建立开放的沟通渠道是增强师生互动与信任的基础。通过鼓励学生在课堂上提出问题和建议,教师不仅能更好地了解学生的需求和困惑,还能营造出一种积极的学习氛围。这种开放的沟通方式有助于学生在学习过程中感受到被重视,从而提高他们的学习积极性和主动性。与此同时,教师也需要不断提升自己的沟通技巧,以便在互动中更有效地传递知识和技能。

小组讨论和合作学习是促进学生之间交流的有效策略。在体育教学中,教师可以通过合理分组,鼓励学生在小组中分享各自的见解和经验。这种学习方式不仅能够加深学生对知识的理解,还能培养他们的团队合作能力。在这个过程中,教师的角色是提供指导和支持,帮助学生解决在合作中遇到的困难。通过这种互动模式,学生能够在相对轻松的环境中学习和成长,同时也能提升课堂的整体学习效果。

个别辅导和反馈是提升学生自主性和责任感的重要手段。教师通过定期的个别辅导,可以更深入地了解每个学生的优缺点,并给予针对性的指导和建议。这种个性化的互动方式,能让学生更准确地识别自身的学习状态,并在此基础上制订更有效的学习计划。同时,及时的反馈也能帮助学生调整学习策略,增强他们的自信心和学习动力。

现代科技手段的运用为师生互动提供了新的途径。通过在线平台和社交媒体,教师可以随时与学生分享学习资源和反馈信息,打破了时间和空间的限制。这种即时性和便利性,使得师生之间的互动更加频繁和高效。此外,科技手段的运用也为学生提供了更多自主学习的机会,使他们能够在课外时间继续探索和学习。

### (二)生生互动设计

在体育教学模式中,生生互动设计是促进学生积极参与和相互学习的重要策略。通过设计小组合作项目,学生可以在共同完成任务的过程中相互学习与支持。这种合作学习不仅能够增强学生的团队精神,还能培养他们的沟通能力和解决问题的能力。团队合作的实践为学生提供了一个真实的互动环境,使他们在实践中体会到合作的重要性,同时也为他们提供了展示自我和学习他人的机会。

引入同伴教学机制是生生互动设计中的另一关键环节。在这种机制下,学生可以在教学过程中担任教练或指导角色。这不仅提高了他们的责任感和自信心,还促进了他们对知识的深入理解。当学生被赋予指导他人的责任时,他们往往会更加认真地对待学习内容,从而在教学相长的过程中提高自己的能力。同伴教学还可以打破传统的师生界限,创造一个更加平等和开放的学习氛围。

开展体育竞赛活动是激发学生互动和合作的有效途径。通过竞赛,学生在友好竞争中增进交流与合作。比赛不仅是技能的较量,更是团队协作能力的展示。学生在比赛中相互支持、共同努力,增强了彼此之间的信任与默契。竞赛活动还可以激发学生的竞争意识和奋斗精神,促使他们在挑战中成长。

组织定期的团队反思会是生生互动设计中不可或缺的一部分。通过反思会,学生可以分享各自的学习经验与收获,增强集体认同感与归属感。反思会为学生提供了一个表达观点和倾听他人的平台,促进了他们的自我认识和团队意识。集体反思不仅有助于学生总结经验、发现问题,还能激发他们的创新思维和学习热情。

### (三)课堂反馈机制

建立定期的反馈机制是确保学生能够及时获得关于其表现和进步的具体反馈的关键步骤。这种机制不仅有助于学生调整其学习策略,还能促进其在体育活动中的自我认知和能力提升。通过定期反馈,学生可以更清晰地了解自身的优势和需要改进的领域,从而在体育学习过程中实现更为有效的自我管理和发展。

在课堂反馈中,采用多种反馈形式是增强学生理解学习过程的重要手段。口头反馈能够提供即时的指导和鼓励,帮助学生在体育活动中快速调整策略;书面评估则为学生提供了更为详细和系统的表现分析,便于他们在课后进行深入的自我反思。同伴评价作为一种互动性强的反馈形式,不仅可以激发学生之间的合作意识,还能通过相互学习促进集体进步。这些多样化的反馈形式共同作用,提升了学生的自我反思能力和学习主动性。

设计反馈环节是课堂反馈机制中的重要组成部分。通过在课堂活动后安排自我评估环节,学生能够更好地了解自身的学习状态和进步情况。这一过程鼓励学生对自己的表现进行客观分析,并在此基础上制订下一步的学习计划和目标。自我评估不仅提高了学生的自我认知能力,还能激发他们的学习动机,促使其在体育学习中不断追求进步和完善。

技术工具的引入为课堂反馈机制提供了新的可能性。通过在线调查和学习管理系统,教师可以收集学生对课程内容和教学方法的反馈。这些数据为优化教学设计提供了有力支持,使教学活动更好地契合学生的需求和期望。技术工具的使用不仅提高了反馈的效率和准确性,还为教师和学生之间的互动提供了新的平台,进一步增强了课堂的互动性和参与度。

## 四、教学评价的科学性原则

### (一)评价标准的多元化

评价标准的多元化是确保体育教学模式科学性的重要原则。在体育教学中,单一的评价标准往往无法全面反映学生的学习成果。因此,评价标准需要涵盖多方面的内容,以便全面评估学生的运动能力。首先,评价标准应包括学生的运动技能掌握情况,这不仅涉及技术动作的规范性,还包括学生在不同运动项目中的适应能力和表现水平。通过对运动技能的全面评估,教师可以更准确地了解学生的运动能力,进而制订更有针对性的教学计划。

评价标准还应考虑学生的参与度与积极性。这一标准反映了学生在课堂活动中的主动性和投入程度,是评估学生学习态度的重要指标。参与度高的学生通常表现出较强的求知欲和学习动力,他们在课堂上的积极表现能够促进自身及同伴的学习效果。通过对参与度的评估,教师可以识别出需要激励和引导的学生群体,并采取相应的教学策略以提高课堂整体的学习氛围和效果。

团队合作与社交技能也是评价标准的重要组成部分。在体育教学中,许多活动需要学生之间的合作与沟通,这不仅培养了学生的团队精神,也提升了他们的社交能力。通过评估学生在集体活动中的表现与互动,教师可以了解学生的合作意识和社交技巧,并在教学中有针对性地加强这些方面的训练。这种评价方式有助于学生在体育活动中学会尊重他人、理解团队合作的重要性。

评价标准的另一个重要方面是重视学生的自我反思能力。自我反思是学生认知个人学习状态的重要途径,通过自我评估,学生能够更清晰地认识到自身的优缺点,并积极进行改进。这一过程不仅提高了学生的自我管理能力,还促进了他们的自主学习意识。教师在评价过程中应鼓励学生进行自我反思,并为其提供指导和反馈,以帮助学生不断提升。

### (二)评价方法的客观性

在体育教学模式的构建中,评价方法的客观性是确保教学效果的重要原则之一。客观的评价方法能够提供可靠的数据支持,使教学活动更加科学化和系统化。采用标准化测试工具是实现评价客观性的关键步骤。标准化工具可以确保评价过程的一致性和可比性,减少主观因素的干扰。这不仅有助于准确反映学生的学习效果,还能为教学方法的改进提供有力的依据。

在实际操作中,多种评价方式的运用能够为学生表现提供全面的评估。观察法、问卷调查以及录像分析等方法各有其独特的优势。观察法能够直观地了解学生在课堂上的表现,问卷调查则可以获取学生的主观感受和反馈,而录像分析则为教师提供了一个详细回顾和分析课堂活动的机会。这些方法的结合使用,使得评价结果更加全面和立体,能够多角度地反映学生的学习状况。

同行评审机制的引入是提升评价过程透明度和公正性的重要手段。在体育教学中,引入学生之间的互相评价不仅可以激发他们的参与热情,还能培养他们的批判性思维和合作意识。通过这种方式,学生能够更加客观地认识自己的不足和优点,同时也能在评价他人的过程中学习到不同的技能和策略。这种机制的运用,有助于营造一个积极向上的学习氛围。

评价过程中,结合定量与定性指标是实现科学性的重要手段。定量指标通过数据反映学生的运动技能水平和参与度,而定性指标则更多关注学生在团队合作能力和体育精神方面的表现。这种综合分析方法,能够更加全面地评估学生的综合素质,帮助教师制订更加精准的教学计划。

# 第三节　体育教学模式的设计方法

## 一、体育教学目标的设定与分析

### (一)目标的设定

在体育教学的过程中,目标的设定是一个至关重要的环节。设定清晰的短期和长期目标,可以帮助学生明确他们在体育学习中追求的方向和期望的成果。短期目标通常是具体的、可实现的,并且能够在较短的时间内完成,如提高某项运动技能或增强体能。而长期目标则涉及更广泛的学习成果,如培养终身体育锻炼的习惯或提升整体身体素质。通过设定这些目标,学生能够在体育学习的过程中保持动力和专注,逐步实现他们的学习愿景。

目标的可测量性是确保体育教学目标有效性的一个关键因素。教师和学生需要能够定期评估进展,以便根据实际情况进行适时的调整和改进。可测量的目标通常包括具体的数量指标或质量标准,如在一定时间内完成多少次跑步、达到某个速度或掌握某种技术动作的准确性。这种可测量性不仅有助于跟踪学生的进步,还能为教师提供反馈信息,以优化教学策略和方法,确保学生在学习中的持续进步。

在设定体育教学目标时,必须充分考虑学生的个体差异。每位学生在身体素质、运动技能和学习能力上都有所不同,因此目标的设定需要因人而异。教师应根据学生的实际水平和需求,制定适合他们的目标,以确保每位学生都能在自己的能力范围内获得成长和进步。这种个性化的目标设定,不仅有助于提高学生的自信心,还能激发他们的学习兴趣和积极性。

目标的设定还需与教学内容和方法紧密结合,以保证教学活动的有效性和针对性。体育教学目标不仅仅是对学生学习成果的期望,更是指导教学内容选择和教学方法应用的依据。通过将目标与教学内容和方法相结合,教师可以设计出更具针对性的教学活动,促进学生的全面发展。例如,在设定提高团队合作能力的目标时,教师可以选择小组合作的教学方法,并设计相应的团队运动项目,以实现这一目标。

### (二)目标的分析方法

在体育教学模式的设计中,目标的分析方法是至关重要的一环。目标设定的 SMART 原则,即具体(Specific)、可测量(Measurable)、可实现(Achievable)、相关性强(Relevant)和时限明确(Time-bound),为目标的分析提供了明确的框架。具体性要求目标清晰明确,以避免模糊不清的方向;可测量性则强调通过量化指标来衡量目标的达成程度;可实现性确保目标在现实条件下能够被达成;相关性则要求目标与学生的学习需求和教学计划紧密联系;而时限明确则为目标的实现设定了时间框架,确保教学活动的有序进行。通过这种系统化的分析方法,体育教学目标能够更具指导性和可操作性。

为了制定符合学生实际情况的个性化目标,教师需要对学生的能力和兴趣进行深入的调研。这一过程不仅要求教师具备敏锐的观察能力和沟通技巧,还需要利用科学的调查工具和方法,收集学生在体育活动中的表现数据和反馈信息。通过对这些数据的分析,教师可以识别出学生的优势和不足,从而制定出既符合学生兴趣又能促进其能力提升的个性化目标。这种针对性的教学目标有助于提高学生的学习效率和参与度,增强他们在体育学习中的自主性和积极性。

在设定体育教学目标后,利用数据分析工具定期评估目标的达成情况是确保教学有效性的重要步骤。教师可以通过多种数据分析软件,监测和记录学生在体育活动中的表现和进步。这些工具不仅能够提供实时的数据反馈,还能帮助教师识别教学过程中的问题和挑战,进而及时调整教学策略,以适应学生的学习进展。通过这种动态评估和调整,体育教学目标的实现变得更加灵活和高效,学生的学习体验也因此得到改善。

## 二、教学内容的选择与组织

### (一)内容选择标准

教学内容的选择是体育教学模式设计中的关键环节,直接影响学生的参与热情和学习效果。内容选择应当符合学生的兴趣与需求,这不仅能激发他们的学习动机,还能增强他们的参与感。通过挖掘学生的兴趣点,教师可以设计出更具吸引力的课程内容,从而提高课堂的活跃度和学生的参与度。学生的兴趣是多样化的,可能包括对特定运动项目的偏好或对某种运动技能的好奇心。因此,教师在选择教学内容时,需要充分考虑学生的兴趣,以此作为设计课程的出发点。

教学内容的适应性是另一个重要标准,它要求教师能够根据学生的运动能力和基础来调整教学内容。不同的学生在体能、技巧和经验上存在差异,因此,教学内容需要在挑战性和可行性之间取得平衡。过于简单的内容可能无法激发学生的学习兴趣,而过于困难的内容则可能导致学生的挫败感。因此,教师应根据学生的实际情况,灵活调整教学内容,使每个学生都能在自己的能力范围内获得最大的发展。

内容选择还应体现跨学科整合的原则。体育教学不仅仅是教授运动技能,还应结合健康教育、心理学等相关知识,提升学生的综合素养。这种整合有助于学生在运动中理解健康生活方式的重要性,并能在实践中应用心理学知识来提高运动表现。通过跨学科的内容设计,学生不仅能提高身体素质,还能在心理和认知层面获得全面发展。

## (二)内容组织策略

在体育教学中,内容组织策略是确保教学目标达成的关键环节。教学内容应根据学生的兴趣和需求进行灵活调整,以确保课程的吸引力和参与度。通过对学生兴趣的调查和分析,教师可以更好地选择适合的运动项目和活动形式,使学生在参与过程中保持高度的积极性和热情。这样的调整不仅能激发学生的学习动力,还能有效提升课堂的活跃度和互动性,从而实现更好的教学效果。

在组织教学内容时,教师需要充分考虑学生的运动能力和基础,设计分层次的教学内容,以确保每位学生都能在适合自己的挑战下成长。这种分层次的教学设计不仅能够帮助不同水平的学生获得成功体验,还能促进他们的个性化发展。通过设置不同难度的任务和目标,教师可以引导学生逐步提高自己的运动技能和综合能力,增强他们的自信心和成就感。

教学内容的组织还应体现跨学科整合的原则,结合健康教育、心理学等相关知识,以提升学生的综合素养和实际应用能力。在这一过程中,教师可以将体育与其他学科内容有机结合,设计出富有挑战性和创造性的教学活动。这种跨学科的教学设计不仅能够拓展学生的知识面,还能帮助他们在实际生活中应用所学的技能和知识,提高解决问题的能力。

内容组织策略应强调实践导向,设计以实际运动体验为核心的课程,以强化学生对理论知识的理解和应用能力。通过实践活动,学生能够更直观地感受到运动的乐趣和意义,从而加深对相关理论知识的理解。教师可以通过设计丰富多样的运动项目和活动,让学生在实践中不断探索和反思,提高他们的运动技能和综合素养。这种实践导向的教学策略不仅能够提高学生的学习效果,还能增强他们的自主学习能力和创新意识。

## 三、教学策略与方法的创新

### (一)创新教学策略

在现代体育教学中,创新教学策略的引入具有重要意义。创新教学策略不仅丰富了教学方法的多样性,还提高了学生的学习效果和参与度。通过引入多种教学策略,教师能够更有效地激发学生的兴趣和主动性,帮助他们在体育活动中实现全面发展。创新教学策略的核心在于打破传统教学模式的局限,通过多元化的教学手段,满足不同学生的需求,提升整体教学质量。

引入项目式学习是创新教学策略的重要组成部分。项目式学习通过真实情境中的体育活动,激发学生的主动性和参与感,使他们在实践中学习和应用知识。这种学习方式强调学生的自主探究和实践能力,鼓励他们在实际问题中寻找解决方案。在项目式学习中,学生不再是被动的知识接受者,而是积极的参与者和实践者。这种方法能够有效提高学生的综合素质,培养他们的团队合作和问题解决能力。

翻转课堂模式也是创新教学策略中的一大亮点。通过让学生在课外自主学习理论知识,课堂时间则用于讨论和实践,翻转课堂增强了学生的互动和合作能力。这种模式打破了传统课堂上教师单向授课的局限,转而让学生成为课堂的主角。在翻转课堂中,教师的角色更像是引导者和促进者,帮助学生更好地理解和应用所学知识。这种方法不仅提高了课堂效率,还培养了学生的自主学习能力。

混合学习策略的实施,将线上学习与线下实践相结合,是体育教学模式创新的又一重要方向。通过利用数字资源和平台,混合学习为学生提供了灵活的学习方式,满足了不同学习风格的需求。线上学习提供了丰富的理论知识和资源,而线下实践则为学生提供了实践操作的机会。这种结合不仅丰富了学习内容,还提高了学生的学习兴趣和参与度。

游戏化教学设计在体育教学中的应用,为创新教学策略增添了新的活力。通过将体育活动转化为游戏形式,增加趣味性和竞争性,游戏化教学设计提高了学生的参与度和学习动机。在游戏化教学中,学生通过参与有趣的游戏活动,能够在不知不觉中掌握体育技能和知识。

### (二)新兴教学方法

在现代体育教学中,新兴教学方法的引入为传统课堂注入了新的活力。这些方法不仅丰富了教学手段,还为学生提供了多样化的学习体验。通过创新的教学策略,教师能够更有效地激发学生的学习兴趣和参与热情。新兴教学方法的核心在于打破传统教学的局限,强调个性化和互动性,以适应不同学生的需求和学习风格。这些方法在促进学生全面发展的同时,也对教师的教学能力提出了更高的要求,要求教师不断更新知识和技能,以适应快速变化的教育环境。

虚拟现实(Virtual Reality,VR)技术的应用为体育教学提供了全新的视角。通过沉浸式体验,学生能够在虚拟环境中进行各种运动项目的练习,这不仅提高了他们的运动技能,还激发了他们的学习兴趣。VR 技术能够模拟真实的运动场景,使学生在不受场地和设备限制的情况下进行训练,大大增强了学习效果。在 VR 环境中,学生可以反复练习特定动作,并即时获得视觉和听觉反馈,这种即时反馈机制有助于他们更快地掌握运动技巧。此外,VR 技术还可以用于模拟比赛场景,帮助学生在心理上做好比赛准备,提升他们的自信心和应对能力。

增强现实(Augmented Reality,AR)技术在体育教学中的应用,为学生提供了实时的学习反馈,帮助他们更好地理解运动技巧和规则。通过 AR 技术,学生可以在实际运动过程中看到叠加在现实世界中的数字信息,例如动作轨迹、速度和角度等。这种实时反馈机制使学生能够即时调整自己的动作,提高运动技能的准确性和效率。AR 技术还可以用于教学演示,教师可以通过 AR 设备展示复杂的运动动作分解,使学生更直观地理解和模仿。此外,AR 技术的互动性和趣味性也能激发学生的学习兴趣,增强他们的参与感和成就感。

游戏化学习作为一种新兴的教学方法,正在逐渐改变体育教学的面貌。通过将体育活动转化为游戏任务,学生的竞争意识和参与热情被充分激发,从而提升了他们的学习动机。在游戏化学习中,学生不仅是被动的学习者,更是主动的参与者,他们在完成任务的过程中获得了成就感和自我效能感。这种方法强调学习过程的乐趣和挑战性,使学生在不知不觉中掌握了运动技能和理论知识。游戏化学习还能够促进学生之间的互动和合作,培养他们的团队精神和沟通能力。

在线协作平台的使用为体育教学带来了新的可能性。通过这些平台,学生之间的互动与合作得到了极大的促进,团队合作能力得以增强。在线协作平台提供了丰富的交流工具，使学生可以随时随地进行讨论和协作，打破了时间和空间的限制。此外，教师可以通过平台进行远程指导和反馈，及时了解学生的学习进度和困难，提供个性化的帮助和支持。在线协作平台还可以记录学生的学习过程和成果，为教师的教学评估提供有力的数据支持。

## 四、教学反馈与调整机制设计

### （一）反馈机制构建

在体育教学中，构建有效的反馈机制是提升教学质量的重要环节。反馈机制不仅仅是教师对学生表现的简单评估，更是学生自我反思与持续改进的动力源泉。通过建立定期反馈机制，学生能够在每个教学单元结束后，及时获取关于其表现的具体反馈。这种及时性不仅有助于学生了解自身的不足，还能促使他们进行自我反思，从而在后续的学习中不断改进。反馈机制的构建，需要在教学设计初期就进行充分的规划，以确保其在整个教学过程中能够发挥最大效用。

多元化的反馈形式是反馈机制构建中的重要一环。单一的反馈方式可能无法全面反映学生的学习状态，因此，设计多元化的反馈形式显得尤为重要。包括口头反馈、书面评估和同伴评价在内的多种形式，可以帮助学生更全面地理解学习过程，并促进自我反思能力的提升。口头反馈能够即时解决学生的疑惑，书面评估则提供了详细的分析，而同伴评价则通过同学间的互相学习，激发学生的学习兴趣和积极性。这些形式相辅相成，共同构成了一个完整的反馈体系。

现代科技手段的应用，为反馈机制的构建提供了新的可能性。通过在线调查和学习管理系统，教师能够高效地收集学生对课程内容和教学方法的反馈。这些信息不仅可以帮助教师优化教学设计，还能让学生感受到他们的意见被重视，从而增强参与感和责任感。在线调查的匿名性也使得学生可以更加真实地表达自己的看法，为教学改进提供了可靠的数据支持。学习管理系统则通过数据分析，帮助教师更好地理解学生的学习状态和需求。

### （二）调整策略实施

教学反馈与调整机制在体育教学模式中扮演着至关重要的角色。调整策略的实施是为了确保体育课程能够有效地适应学生的多样化需求和兴趣。这一过程不仅需要教师对学生的学习反馈进行敏锐的观察和分析，还需要根据这些反馈及时调整教学策略。通过这种方式,课程内容和教学方法可以更好地与学生的实际需求相匹配,从而提高教学的有效性和学生的学习体验。

在实施调整策略时,教师需要灵活运用多种评估工具,以便全面了解学生的学习进展。这些工具包括但不限于观察、测试、问卷调查等,这些方法能够帮助教师定期收集数据,分析学生在体育学习中的表现。这种数据驱动的分析方法为制订相应的调整计划提供了科学依据,使得教学调整更具针对性和有效性。通过这种动态的评估和调整,教师可以不断优化课程设计,提升学生的学习效果。

教师之间的协作与交流在调整策略的实施中也至关重要。通过定期的教学研讨会或交流会,教师可以分享各自的教学经验和调整策略,探讨在不同教学情境下的最佳实践。这种协作不仅有助于教师个人的专业发展,也能提升整个教学团队的教学质量。通过集体智慧的碰撞,教师可以更好地应对教学中的各种挑战,形成更为有效的教学调整策略。

建立一个动态的课程调整机制是确保教学反馈和调整机制有效运作的关键。这样的机制要求教师能够快速响应学生的反馈和学习情况,及时调整教学方案。通过这种机制,教师可以在教学过程中保持灵活性和敏捷性,确保教学能够适应不断变化的教育环境和学生需求。这不仅提高了教学的质量和效率,也为学生提供了更具个性化和适应性的学习体验。

# 第四节 体育教学模式的实践意义

## 一、提高学生的身体素质

### (一)增强体能

体育教学模式在提升学生体能方面具有显著的作用。通过系统化的教学方法,学生的心肺功能得以有效提升,从而增强整体耐力和体能水平。心肺功能的提高不仅有助于学生在体育活动中表现得更为出色,还能在日常生活中增强其抗疲劳能力。此外,体育教学模式强调多样化的运动项目设置,这不仅有助于激发学生的运动兴趣,还能促进他们肌肉力量的发展。不同的运动项目,如田径、游泳和球类运动,能够全面提升学生的身体素质,使他们在不同的运动中均能表现出色。

体育教学模式的一个显著特点是注重实践与体验,鼓励学生积极参与各种体育活动。这种参与不仅提升了学生的灵活性和协调性,还培养了他们的团队合作精神和竞争意识。通过参与多样化的体育活动,学生能够更好地理解不同运动的技巧和规则,这对他们的综合素质提升具有重要意义。此外,体育教学模式中定期的体育评估与反馈机制,为学生提供了一个自我反思和改进的机会。通过不断的自我评估和教师的反馈,学生能够在锻炼过程中不断挑战自我,增强自我管理能力和自信心。

### (二)改善健康指标

体育教学模式在改善学生健康指标方面具有显著的实践意义。通过定期的体育活动,学生的体重问题得到有效改善,降低肥胖风险,促进健康体重的维持。肥胖问题在全球范围内日益严重,而学校体育课程的有效设计和实施能够在学生成长的关键阶段发挥重要作用。体育活动不仅帮助学生消耗多余的能量,减少脂肪的积累,还能通过增强肌肉力量和提高代谢率来支持健康的体重管理。特别是在青少年阶段,建立良好的运动习惯对于他们的长期健康至关重要。

定期参与体育锻炼能够增强学生的免疫力,提高身体抵抗力,减少生病的频率。体育活动通过促进血液循环和增强心肺功能,提升了身体的整体免疫功能。这种增强的免疫力能够帮助学生更有效地抵御常见的疾病,如感冒和流感等,从而减少因健康问题而缺课的情况。体育课程中多样化的运动形式,如有氧运动、力量训练和柔韧性练习,均有助于全面提升学生的免疫系统功能。

体育活动对改善学生的心理健康也有重要作用。参与体育锻炼能够有效释放压力,减轻焦虑和抑郁情绪,提升整体心理状态。现代社会的快节奏和学业压力常常导致学生心理负担加重,而体育活动提供了一个健康的宣泄途径。通过运动,学生可以释放积累的负面情绪,获得心理上的放松和愉悦感。研究表明,体育锻炼能够刺激大脑释放内啡肽,这种"快乐激素"能够显著提升心情,改善学生的心理健康。

## 二、促进学生的心理健康发展

### (一)减轻压力

体育活动在学生心理健康发展中扮演着重要的角色,尤其在减轻压力方面具有显著效果。身体通过运动释放内啡肽,学生能够在生理层面上体验到愉悦感,这种生理变化直接影响心理状态,能有效地减轻心理压力。内啡肽被称为"快乐激素",它在运动中大量分泌,使学生感受到一种由内而外的轻松与愉悦,这种状态有助于学生在学业和生活压力下保持积极的心态和情绪稳定。

参与团队运动不仅能够锻炼身体,还提供了一个良好的社交平台。学生在团队运动中通过合作与竞争,增强了社交互动能力,建立了支持性的人际关系网络。这种关系网络在学生面对压力时,能够提供情感支持和心理慰藉。与同伴的互动和支持,能使学生在压力面前不再孤立无援,而是能够寻求帮助和分享困惑,从而有效缓解心理压力。

规律的体育锻炼对于情绪调节能力的提升也有显著作用。通过长期坚持体育锻炼,学生能够更好地管理自己的情绪反应,增强对压力源的适应能力。在体育锻炼中,学生学会了如何在体能挑战中调节呼吸、放松心情,这种能力同样可以迁移到日常生活中,使他们在面对学习、生活中的压力时,能够更冷静和理智地处理问题。

体育教学中引入的放松训练和冥想等方法,也对学生减轻心理负担起到了积极作用。在运动后进行的放松训练和冥想,能够帮助学生达到身心的全面放松,消除运动带来的疲劳感,同时也让他们在精神上获得一种宁静和舒适感。这种通过体育活动获得的身心放松体验,进一步缓解了学生的心理负担,使他们在面对学业压力时更具备心理弹性和应对能力。

**(二)提升自信心**

体育教学模式在促进学生心理健康发展方面具有重要的实践意义,尤其是在提升学生自信心的过程中扮演着关键角色。通过参与各种体育活动,学生在不断克服挑战和达成目标的过程中,逐渐增强自我效能感。这种效能感的增强源于学生在面对体育活动中的困难时,通过努力和毅力实现目标,从而获得一种自我肯定的体验。这种体验不仅限于体育活动本身,更能迁移到其他生活领域,帮助学生在面对各种挑战时表现得更加自信。

团队运动是体育教学模式中常见的一种形式,它为学生提供了体验成功合作和集体成就感的机会。在团队运动中,学生需要与队友密切配合,共同努力实现目标。当团队取得成功时,学生不仅感受到集体的荣誉感,同时也增强了自己在团队中的价值感。这种集体成就感和个人价值感的提升,直接促进了学生自信心的增强。学生在团队中获得的这种积极体验,有助于他们在日常生活中更加积极地参与集体活动,并在团队合作中表现出色。

体育教学中常常设定一些可达成的目标,这些目标的实现过程为学生提供了获得积极反馈的机会。当学生通过努力实现这些目标时,他们不仅对自己的能力有了更清晰的认识,也获得了来自教师和同伴的积极反馈。这种反馈机制在很大程度上增强了学生对自身能力的认可,从而提升了他们的自信心。通过不断实现这些目标,学生逐渐形成了积极的自我认知,这种认知对其心理健康发展具有深远的影响。

在体育活动中获得的技能和成就感,能够有效转化为日常生活中的自信心。学生通过体育活动掌握的技能,如领导力、团队合作能力和问题解决能力,能够帮助他们在其他领域也表现得更加自信和积极。这种跨领域的自信心提升,使得学生在面对学业、社交等多方面挑战时,能够更加从容和积极地应对。体育教学模式通过提升学生的自信心,在整体上促进了学生的心理健康发展,为其未来的成长奠定了坚实的基础。

## 三、增强学生的团队合作能力

### (一)提高沟通技巧

在现代体育教学中,团队合作能力的培养成了教育的重要目标。提高学生的沟通技巧是实现这一目标的关键要素。团队运动中,学生需要通过口头和非语言的方式进行有效的信息传递,这不仅有助于提升彼此之间的理解和信任,还能在实践中锻炼他们的沟通能力。通过频繁的互动,学生学会如何在不同时刻、不同情境下进行信息交换,这种能力在他们的学术和日常生活中都显得尤为重要。

在集体活动中,角色分配和任务协作是常见的教学策略。学生通过这些过程培养清晰表达自己观点和意见的能力,这不仅增强了他们的沟通自信心,也促使他们更积极地参与到团队活动中。通过明确的角色定位和任务分工,学生学会如何在团队中找到自己的位置,并有效地贡献自己的力量。这种能力的培养,不仅有助于他们在体育活动中的表现,也为他们将来的职业生涯奠定了坚实的基础。

参与团队讨论和策略制定是体育教学中的另一个重要环节。在这个过程中,学生能够学习倾听他人意见,理解不同观点,从而提高沟通的灵活性和适应性。通过这种方式,学生不仅能提高自身的沟通技巧,还能在团队中形成良好的合作氛围。倾听和理解他人的观点,是建立有效沟通的基础,这种能力的提升,也为学生在未来的社会交往中提供了重要的支持。

体育活动中的即时反馈机制是提高学生沟通技巧的有效途径之一。在互动中,学生通过不断调整自己的表达方式,提升沟通的有效性和针对性。这种即时反馈不仅帮助学生及时纠正沟通中的错误,也促使他们在实践中不断反思和改进自己的沟通策略。通过这种动态的学习过程,学生能够更好地适应不同的沟通环境,提高自己的综合沟通能力。

### (二)培养协作精神

在体育教学中,培养学生的协作精神是一项重要的教育目标。体育教学模式通过多种形式的团队运动,帮助学生在实践中理解协作的重要性。在团队运动中,学生需要共同制定战术和目标,这不仅增强了彼此之间的责任感,还在无形中培养了他们的协作精神。通过这样的实践,学生逐渐认识到个人的成功与团队的整体表现密不可分,从而在心理上更加依赖团队合作。

在集体活动中,学生必须相互依赖,理解各自的角色和任务。这种角色分配与任务理解的过程,有助于学生提升团队合作的意识和能力。每个学生在团队中都有其独特的作用,通过不断地互动与沟通,他们学会了如何有效地发挥个人优势,为团队的成功贡献力量。这样的经历不仅让学生在体育活动中受益匪浅,也为他们在未来的学习和工作中奠定了良好的合作基础。

参与团队比赛是学生面对挑战时的一个重要环节。在比赛中,团队成员需要共同应对各种突发状况,这个过程增强了他们解决问题的协作能力。通过反复的实践,学生逐渐形成了一种默契,这种默契不仅体现在比赛中,也反映在他们日常的学习生活中。这种协作能力的提升,使学生在面对复杂问题时能够更加从容不迫,具备更强的团队合作意识。

## 四、激发学生的体育兴趣与参与度

### (一)增强参与积极性

体育教学模式在激发学生的体育兴趣和参与度方面具有重要意义。通过多样化的体育活动设计,教师能够有效地激发学生的兴趣,使他们更愿意主动参与到体育课程中。多样化的设计不仅包括传统的体育项目,还可以融入新兴的运动形式,以满足不同学生的兴趣和需求。这种方法能够帮助学生在体育活动中找到乐趣，进而提高他们的参与积极性。同时，教师可以根据学生的兴趣和能力水平，灵活调整教学内容和方式，从而为每位学生提供个性化的学习体验，促进他们的全面发展。

游戏化教学策略是增强学生参与感和积极性的有效手段之一。通过将体育活动转化为有趣的游戏形式，学生可以在轻松愉快的氛围中参与体育活动。这种策略不仅能吸引学生的注意力，还能激发他们的竞争意识和团队合作精神。在游戏化的教学过程中，学生通过角色扮演、任务挑战等方式，在享受运动乐趣的同时，提高了身体素质和运动技能。此外，游戏化策略还能培养学生的创造力和解决问题的能力，使他们在体育活动中获得更全面的成长。

建立积极的课堂氛围是提升学生参与意愿的重要因素。教师通过积极的引导和鼓励，营造出一个互相支持和鼓励的环境，使学生在体育活动中感受到集体的力量和温暖。在这样的氛围中，学生更愿意尝试新事物，勇于面对挑战，克服困难。积极的课堂氛围还能增强学生之间的沟通和合作，促进他们的社交能力发展。通过团队合作和互相帮助，学生不仅提高了体育技能，还培养了良好的体育道德和团队精神。

设定适当的挑战和目标是增强学生参与动力的有效方法。通过为学生设定明确的目标和适当的挑战，教师可以激发他们的内在动力。学生在实现目标的过程中，能够获得成就感和自信心，从而增强他们对体育活动的兴趣和参与动力。适当的挑战能够激发学生的潜力，使他们不断进步。同时，教师应根据学生的实际情况，灵活调整挑战的难度和目标的设置，确保每名学生都能在体育活动中获得成功的体验。

### (二)丰富课外活动

丰富课外活动在体育教学模式中扮演着不可或缺的角色。通过多样化的课外活动，学生不仅能够在课外时间继续锻炼身体，还能在轻松的氛围中提升对体育的兴趣和参与度。鼓励学生参与社区体育活动，能够为他们提供拓展课外锻炼的渠道。这些活动不仅有助于增强学生的社交能力，还能培养他们的团队意识。在参与过程中，学生学会了如何与他人协作，共同面对挑战，这对于他们在体育运动中的表现以及日常生活中的社交能力提升都有着积极的影响。

组织校内体育赛事是激发学生竞争意识和参与热情的有效途径。通过这些赛事，学生有机会展示自己的运动技能，体验竞争带来的刺激与乐趣。这不仅提高了他们的运动技能，还增强了自信心。赛事的成功举办也为学生提供了一个展示自我的平台,使他们在比赛中不断超越自我,获得成就感。这种积极的体验能够有效激发他们对体育活动的持久兴趣,进而提高他们在日常体育课中的参与度。

开展多样化的课外体育俱乐部,是满足不同学生兴趣需求的重要方式。每个学生的兴趣和能力各不相同,提供多样化的俱乐部选择,可以让学生根据自身兴趣选择参与。这种选择的自由度不仅能让学生在非正式环境中积极参与体育活动,还能促进他们在这些活动中培养出对某项运动的热爱。俱乐部活动的多样性也为学生提供了更多的社交机会,使他们能够结识志同道合的朋友,进一步增强他们的体育参与热情。

引入家长和社区成员参与课外体育活动,能够有效增强家庭与学校的合作。家长的参与不仅能让学生感受到家庭的支持和鼓励,还能提升他们的参与感和归属感。在社区成员的参与下,课外活动的形式和内容也更加丰富多彩,使学生能够在更广阔的社会环境中体验体育的乐趣。这种家庭、学校、社区三方联动的模式,有助于构建一个支持学生全面发展的体育教育生态系统,促进学生在体育活动中的全面成长。

# 第二章　启发式体育教学模式

## 第一节　启发式体育教学的概念与特点

### 一、启发式教学的基本定义

#### (一)启发式教学的起源

启发式教学强调通过问答的方式引导学生自主思考和探索,进而获得知识。启发式教学的核心理念在于通过引导学生主动参与和探索,激发其内在的学习动机。这种教学方式不仅关注知识的传授,更重视学生在学习过程中的主动性和创造性。教师在启发式教学中扮演着引导者的角色,与传统教学中单纯的知识传授者形成鲜明对比。通过设置问题情境,教师引导学生进行深入思考,帮助他们在探索中形成自己的理解和见解。

启发式教学特别关注学生的个体差异,鼓励不同背景和能力的学生以各自的方式进行学习。这种个性化的学习方式不仅尊重学生的独特性,还为他们提供了一个自由探索的空间,使得每个学生都能在自己的节奏中成长。启发式教学通过问题导向和情境模拟等方法,促进学生的批判性思维和创造力的发展。通过提出开放性问题,教师鼓励学生从多角度思考问题,培养他们的批判性思维能力。同时,通过模拟真实情境,学生可以在实践中应用所学知识,进一步提升创造力和解决问题的能力。

启发式教学在体育教学中的应用,能够有效激发学生的学习兴趣和参与热情。通过设计丰富多样的体育活动和问题情境,教师可以引导学生在实践中体验和探索,增强他们的身体素质和运动技能。启发式体育教学不仅关注学生的身体发展,还重视其心理和社会能力的培养。在教学过程中,学生通过合作和竞争,学会与他人沟通和协作,培养团队意识和社会责任感。

#### (二)启发式教学的内涵

启发式教学在体育教育领域中的应用,旨在通过引导学生自主学习的方式,促进其对体育知识和技能的深刻理解。该教学模式强调学生在学习过程中,通过自我探索和反思来加深对所学内容的掌握。这种方式不仅能够帮助学生更好地理解体育理论,还能在实践中灵活应用所学技能。启发式教学特别注重激发学生的内在学习动机,使他们在体育活动中能够主动参与,积极思考,从而实现自我提升。

启发式教学的一个重要特征是培养学生的解决问题能力。在体育活动中,学生常常面临各种挑战,启发式教学通过设置真实情境,鼓励学生运用所学知识进行分析和解决问题。这一过程不仅提高了学生的思维能力,还增强了他们的自信心,使其能够在面对复杂的体育情境时,做出合理判断和决策。这种能力的培养,对于学生未来的发展具有重要意义。

在启发式教学中,学生之间的合作与交流被视为提升学习效果的重要手段。通过团队合作,学生能够分享各自的见解,互相学习,从而提高整体的学习效率和效果。合作学习不仅有助于学生掌握体育技能,还能提升其社交能力,培养团队精神和集体荣誉感。这种通过合作实现的学习,不仅丰富了学生的学习体验,还促进了他们的全面发展。

启发式教学强调多样化的教学策略和活动形式,以满足不同学生的学习需求。教师在设计教学活动时,通常会结合学生的兴趣和能力,提供多种选择,以促进学生的个性化发展。这种教学模式通过灵活多变的活动,激发学生的学习兴趣,使其能够在轻松愉快的氛围中掌握体育知识和技能。这种个性化的教学方式,有助于培养学生的创造力和独立思考能力,为其未来的发展奠定坚实基础。

## 二、启发式体育教学的核心特征

### (一)学生主体性

启发式体育教学模式强调学生主体性,学生在这一模式中不仅是知识的接受者,更是学习的主动参与者。这种模式鼓励学生在学习过程中积极参与,主动探索,增强了对知识的掌握和技能的运用。通过自主选择和设计活动,学生能够根据自身兴趣和能力进行个性化学习,从而激发出他们的内在学习动力。在这种环境下,学生不再是被动的听众,而是积极的参与者,他们可以根据自己的兴趣和能力进行探索,充分发挥其主观能动性。

在启发式体育教学中,学生的个性化学习得到了极大的重视。他们通过自主选择和设计活动,能够根据自身的兴趣和能力进行学习。这种自主选择的机会不仅提升了学生的学习积极性,还使他们在过程中感受到成就感和满足感。个性化学习的实施要求教师在教学设计中提供多样化的活动选项,以满足不同学生的需求和兴趣,从而实现因材施教的目标。这种方式不仅促进了学生的全面发展,还增强了他们在学习中的主动性和创造性。

团队合作是启发式体育教学模式的重要组成部分。在团队合作中,学生发挥主观能动性,提升了沟通和协作能力。通过与同伴的互动,学生学会了倾听、分享和合作,增强了团队意识和责任感。这种合作学习的方式不仅有助于学生在体育活动中更好地发挥个人特长,还培养了他们的团队精神和领导能力。在合作中,学生能够互相学习,取长补短,从而实现共同进步和成长。

启发式教学还鼓励学生提出问题和挑战,激发他们的探索精神和创新思维。在这一过程中,教师的角色从知识的传授者转变为引导者,帮助学生发现问题、分析问题并寻找解决方案。这种教学方式不仅培养了学生的批判性思维能力,还激发了他们的创新潜力。通过鼓励学生质疑和探究,启发式教学为他们提供了一个开放的学习环境,使他们能够在不断的尝试和探索中成长。

## (二)教师引导性

在启发式体育教学中,教师的引导性扮演着至关重要的角色。教师不仅仅是知识的传授者,更是学生学习过程中的引导者和支持者。通过设计引导性问题,教师能够激发学生的思考和探索能力。这些问题不仅要针对体育技能,还应涉及学生的体能、心理素质和团队合作能力等多方面的内容。通过这种方式,学生能够在解决问题的过程中提高分析和创新能力,进而实现全面发展。

教师在启发式体育教学中需要具备敏锐的观察力和反馈能力,以便及时调整教学策略,适应学生的学习需求和进度。每个学生的学习节奏和接受能力不同,教师应根据课堂观察和学生反馈,灵活地改变教学内容和方法。这种动态调整不仅能提高教学效率,还能增强学生的学习兴趣和参与度,使他们在学习过程中感受到成就感和满足感。

创造开放的学习环境是启发式体育教学模式的一大特色。教师应鼓励学生自由表达观点和提出问题,促进互动与讨论。开放的环境不仅能激发学生的创造力,还能培养他们的批判性思维。这种教学氛围的营造要求教师具备良好的沟通能力和包容心态,能够接受不同的观点,并引导学生进行深入的思考和探讨。

在教学过程中,教师应运用多种教学资源和工具,丰富学生的学习体验,提升学习效果。现代技术的发展为体育教学提供了丰富的资源，如视频分析软件、虚拟现实设备等。这些工具不仅能使教学内容更加生动直观，还能帮助学生更好地理解和掌握复杂的体育技能。教师应根据教学内容的需要，合理选择和使用这些资源，以达到最佳的教学效果。

### （三）师生互动性

在启发式体育教学模式中，师生互动性是其核心特征。这种互动性不仅体现在课堂的动态交流中，还通过多种形式的讨论和反馈，增强了课堂的参与感。教师在课堂上通过提问和引导，激发学生对自身学习过程的深入思考。这种引导不仅提升了学生的自我反思能力，还使他们在学习过程中更加积极主动。此外，师生之间的互动能够及时发现学生在学习中遇到的困难和需求，这为教师调整教学策略提供了宝贵的信息。这种灵活的教学方法有助于提高教学的有效性，使得每个学生都能在适合自己的节奏中学习和成长。

互动式的教学环境不仅限于课堂内的交流，还鼓励学生在课堂上分享个人经验和观点，从而促进多元化的学习交流。这种开放的交流模式使得学生能够从不同的视角看待问题，拓宽了他们的思维和理解能力。通过分享和讨论，学生不仅能够加深对体育知识的理解，还能培养团队合作和沟通能力，这对于他们未来的发展至关重要。此外，这种多元化的交流环境也使得课堂氛围更加活跃，学生的学习积极性得到了显著提升。

师生互动的优势不仅限于课堂之内，还可以通过课外活动和线上平台得以延续。课外活动为学生提供了更多实践和应用所学知识的机会，同时也是师生互动的延伸渠道。通过参与各种体育活动，学生能够在实践中检验和巩固课堂上学到的理论知识。线上平台则为师生提供了一个便捷的交流和反馈渠道，学生可以在课后继续与教师进行互动，提出问题和分享学习心得。这种学习的连贯性使得学生能够在一个持续的学习环境中不断进步。

## 三、启发式体育教学的适用范围

### （一）学校体育课程

启发式体育教学模式在学校体育课程中展现出显著的优势。首先，它能够有效提高学生的运动兴趣，促使学生更加主动地参与到各类体育活动中。这种教学模式通过引导学生在体育课程中自主选择运动项目,使得学生的学习积极性和自主性得到显著增强。学生在选择自己感兴趣的运动项目时,能够更好地投入其中,进而提升学习效果。此外,启发式体育教学强调小组合作,鼓励学生在团队中进行体育活动。这不仅培养了学生的团队精神和协作能力,还为他们提供了一个相互学习、共同进步的平台。通过小组活动,学生能够在互动中提高沟通技巧,增强团队意识,为将来的社会生活和工作打下良好的基础。

在启发式体育教学中,教师的角色尤为关键。他们通过设计引导性问题,帮助学生深入理解运动技能和战术。教师不再是知识的单向传递者,而是学生学习过程中的引导者和支持者。通过启发式问题,学生能够在思考和探讨中加深对运动技能的理解,并在实践中加以应用。这种教学方式不仅提高了学生的运动能力,还培养了他们的批判性思维和问题解决能力。教师在课堂中扮演的引导角色,使得学生在探索中成长,逐渐形成独立思考和主动学习的习惯。

启发式体育教学通过多样化的评估方式,帮助学生反思自我表现,进而实现持续的技能提升和个人发展。传统的体育教学评估往往局限于对学生体能和技能的单一考核,而启发式教学则注重过程性评价和多元化的反馈机制。这种评估方式不仅关注学生的运动成绩,还重视他们在学习过程中的努力和进步。通过自我反思和同伴反馈,学生能够清晰地认识到自身的优势和不足,从而制订更为合理的学习目标和计划。

## (二)课外体育活动

课外体育活动在启发式体育教学模式中扮演着重要角色,为学生提供了丰富的自主选择机会,鼓励他们探索多样的运动项目。通过这种方式,学生能够根据个人兴趣和能力选择适合自己的运动项目,这不仅增加了他们对体育的兴趣,还提升了参与度。与传统的体育教学模式相比,课外体育活动更具灵活性,学生可以在没有课业压力的情况下,自由地探索和体验不同的运动形式,从而更好地激发他们的运动热情和潜能。

启发式教学在课外体育活动中能够有效地促进学生将课堂上学到的知识应用于实践,增强他们的运动技能和战术意识。通过在真实的运动情境中进行训练和比赛,学生可以将理论知识转化为实际能力,进而提高其在体育活动中的表现。启发式教学鼓励学生在实践中不断进行自我反思和评估,发现自身的优点和不足,从而在不断的调整和改进中实现个人的成长与发展。

课外体育活动还为学生提供了一个重要的社交平台,通过团队合作和竞技活动,学生能够在与他人互动的过程中培养社交技能,提升沟通与协作能力。在团队运动中,学生需要与队友密切合作,共同制定策略和战术,这不仅锻炼了他们的团队精神,也提高了他们的领导能力和责任感。通过这样的互动,学生可以在体育活动中建立深厚的友谊,增强自信心和归属感。

在启发式教学的框架下,课外体育活动通过设置挑战和问题,引导学生进行自我反思与评估,促进个人成长。教师可以通过设计有趣且富有挑战性的活动,激发学生的思考和探索欲望。在面对挑战时,学生需要运用所学知识和技能去解决问题,这一过程不仅提高了他们的运动能力,也培养了他们的创新思维和解决问题的能力。

### (三)特殊体育教育

特殊体育教育在启发式体育教学模式中的应用,着重于为具有特殊需要的学生提供个性化的体育教学方案。这一教学模式旨在满足学生的身体和心理需求,通过定制化的运动计划,帮助他们在运动中建立自信心,增强自我效能感。这样的教学方法不仅有助于提升学生的身体素质,还能改善他们的生活质量,使他们在日常生活中更加自信和积极。启发式体育教学在这一领域的应用,强调因材施教,以学生的个体差异为基础,设计出最适合的教学内容和方法。

在特殊体育教育中,启发式教学方法通过多样化的教学策略,激发学生的参与兴趣和学习动机。游戏化学习和情境模拟是两种常用的策略,通过这些方法,学生能够在一个轻松愉快的环境中学习和锻炼。游戏化学习通过将体育活动转化为游戏形式,降低了参与的心理障碍,使学生更容易接受和参与。而情境模拟则通过模拟真实生活中的情境,帮助学生在实践中学习和掌握运动技能。这些方法不仅提高了学生的参与度,也让他们在学习过程中获得成就感,进一步增强了他们的自信心。

为了确保特殊体育教育的安全性和有效性,教师需要与专业人士合作,设计适合特殊学生的运动项目和活动。这一合作模式确保了教学内容的专业性和科学性,能够有效地满足学生的特殊需求。在设计教学方案时,教师需要考虑到学生的身体状况、心理状态以及学习能力等多方面因素,确保每一项活动都能够达到预期的教学目标。同时,教师还需具备灵活调整教学计划的能力,以应对学生在学习过程中可能出现的各种变化。

特殊体育教育还通过建立支持性环境,鼓励学生之间的互动与合作,促进社会技能的发展和人际关系的建立。在这样的环境中,学生不仅能够学习到运动技能,还能在与同伴的互动中提高沟通能力和团队合作精神。这种支持性环境的建立,需要教师的悉心引导和鼓励,让学生在相互支持和帮助中成长。

## 第二节 启发式体育教学模式的理论依据

### 一、建构主义学习理论

#### (一)知识建构过程

知识建构过程是建构主义学习理论的核心,它强调学习者在教育过程中应当主动参与,通过探索和实践,自主形成个人的理解和技能。在启发式体育教学中,这一过程尤为重要,因为体育教学不仅仅是技能的传授,更是对学生综合素养的培养。学生通过参与体育活动,能够在真实的情境中进行探索,运用身体和心理的多重感知,形成对运动技能和健康生活方式的深刻理解。这种主动参与的学习方式,能够有效激发学生的内在动机,使其在体育活动中获得更大的乐趣和成就感。

在知识建构过程中,学习者利用已有的经验和知识,与新信息进行整合,从而深化理解。这一过程在体育教学中表现为学生对运动技能的不断内化和升华。通过对比和反思过去的运动经验,学生能够更好地理解新技能的要领和技巧。同时,这种整合过程也帮助学生形成更为系统的运动知识体系,提升其在不同运动项目中的适应能力。教师在这一过程中,应鼓励学生积极思考,帮助他们将新旧知识进行有效连接,从而实现知识的迁移和应用。

知识建构过程还强调学生在社交互动中学习,通过与同伴的讨论和合作,丰富其视角和理解。在体育教学中,小组合作和团队活动为学生提供了丰富的社交互动机会。通过与同伴的交流与合作,学生不仅能够分享彼此的经验和见解,还可以在实践中学习如何有效沟通和协作。这种互动不仅有助于知识的建构和深化,也培养了学生的团队合作精神和社交能力,为其未来的社会生活奠定了基础。

在知识建构过程中,教师的角色是引导者,帮助学生识别问题并提供支持,促进其自主学习和反思。在启发式体育教学中,教师应当摆脱传统的权威角色,转而成为学生学习的促进者和支持者。通过设计开放性的问题和活动,教师可以激发学生的好奇心和探索欲望,引导他们在实践中发现问题并寻找解决方案。同时,教师还应为学生提供及时的反馈和指导,帮助他们在反思中不断提升自我。

## (二)学习者主动性

在启发式体育教学模式中,学习者的主动性是推动学习过程的重要因素。学习者主动性不仅仅体现在对知识的渴求,更在于其能够在学习过程中主动设定个人学习目标。这种自主设定目标的能力,使得学习者能够根据自身需求和兴趣,制订出更具针对性和有效性的学习计划。在体育教学中,学习者通过设定明确的目标,能够更好地集中精力和资源,确保在有限的时间内获得最大的学习收益。这种能力的培养对于学习者未来的自主学习和终身学习具有重要意义。

学习者在启发式体育教学中,享有选择参与活动的自由,这极大地提升了他们的参与感和学习动力。通过自主选择,学习者能够根据自己的兴趣和能力,参与到最适合自己的体育活动中。这种选择的自由不仅满足了学习者的个性化需求,也促进了他们在活动中的积极性和创造性。在这种环境下,学习者的兴趣被激发,能够更加投入地参与到体育活动中,从而在实践中不断提高自身的技能和素养。

在启发式体育教学课堂中,学习者被鼓励积极提出问题,与教师和同伴展开互动。这种互动不仅拓宽了学习者的思维广度,也加深了他们对知识的理解。在课堂上,学习者通过提问和讨论,不仅可以对自身的疑惑进行解答,还能通过与他人的交流,获取不同的视角和见解。这种互动式的学习方式,促进了学习者批判性思维和问题解决能力的发展,使得他们在面对复杂问题时,能够更加从容和自信。

学习者在启发式教学环境中,通过反思自身的学习过程,能够识别自身的优缺点,并据此调整学习策略。这种反思能力的培养,使得学习者能够在不断的自我评估中,实现自我提升。在体育教学中,学习者通过反思自己的表现,能够明确哪些方面需要改进,哪些策略更为有效。通过这种持续的自我调整,学习者不仅能够提高学习效果,还能培养出一种积极主动的学习态度,为其未来的发展奠定坚实的基础。

## 二、认知发展理论

### (一)认知阶段特征

认知发展理论在体育教学中扮演着关键角色,它强调学生在不同年龄阶段的认知能力差异,这直接影响其学习方式和参与程度。在认知发展的初级阶段,学生的思维模式较为具体,他们倾向于通过直接的感官体验来理解体育技能。这一阶段的学生更容易接受直观的教学法,如示范和模仿。在中级阶段,学生开始具备一定的抽象思维能力,他们能够通过分析和比较来掌握复杂的体育概念。此时,教师可以引入策略性思考和问题解决任务,以促进学生的认知发展。在高级阶段,学生的认知能力趋于成熟,他们能够独立思考并运用批判性思维来评估自己的体育表现。教师在这一阶段应鼓励学生进行自我反思和自我调节,以增强其自主学习能力。

认知发展理论强调在不同认知阶段,学生的思维模式和信息处理能力不断变化,因此教师需要根据学生的认知水平调整教学策略。在小学阶段,教师可以通过游戏化的教学方式激发学生的学习兴趣,帮助他们在愉悦的氛围中掌握基本的体育技能。随着学生进入中学阶段,教师应逐步引入更多的理论知识和策略性思维训练,以帮助学生理解体育活动的内在逻辑和策略。在高中及以上阶段,教师可以通过案例分析和问题导向学习,培养学生的批判性思维和自主学习能力。通过有针对性地调整教学策略,教师能够更有效地促进学生在各个认知阶段的体育学习。

认知阶段特征不仅影响学生在体育活动中的技能掌握和理解能力,还决定了教师应如何设计适合不同认知阶段的任务以促进学习。在初级认知阶段,教师可以设计一些简单的、基于动作的任务,如基本的球类运动和跑跳练习,以帮助学生建立运动基础。在中级阶段,教师应设计一些需要团队合作和策略思考的任务,如小组比赛和战术演练,以提升学生的合作能力和策略意识。在高级阶段,教师可以设计一些复杂的、需要综合运用多种技能的任务,如复杂的运动项目和大型比赛,以挑战学生的综合能力和创新思维。

认知发展理论指出,学生在学习过程中通过具体的实践和反思,能够更好地理解和应用体育知识,提升其综合能力。实践活动为学生提供了一个将理论知识转化为实际技能的机会,通过不断的练习和调整,学生能够在真实情境中检验和完善自己的体育技能。反思则是学生在实践后的重要学习环节,通过反思,学生可以识别自己的优势和不足,制定改进策略。教师在教学中应鼓励学生进行自我评估和同伴反馈,以促进其在实践和反思中的深度学习。

## (二)发展适应性

在启发式体育教学模式中,发展适应性是一个关键概念。它强调教师应根据学生的认知水平和个体差异,灵活调整教学内容和方法,以满足不同学生的学习需求。这种适应性不仅体现在教学目标的设定上,还包括教学过程的实施和评估。教师需要深入了解每位学生的学习特点,因材施教,才能有效促进学生的认知发展。这一理论的基础在于认识到学生在不同发展阶段的能力和需求是多样的,因而教育者必须具备灵活性和创造力,以便为每个学生提供最优的学习体验。

在启发式体育教学中,教师需设计多样化的活动任务,以适应学生的不同兴趣和能力,促进他们的全面发展。通过丰富的教学内容和多样的教学形式,教师可以激发学生的学习动机,提升他们的参与积极性。多样化的活动不仅能满足不同学生的学习需求,还能提高他们的运动技能和团队合作能力。教师在设计活动时,应充分考虑学生的兴趣和特长,创造一个包容性强的学习环境,使每个学生都能在活动中找到自己的角色和价值。

发展适应性要求教师在课堂中关注学生的反馈,及时调整教学策略,以确保每位学生都能在适合自己的节奏下学习和成长。学生的反馈是教师调整教学策略的重要依据,通过观察和互动,教师可以了解学生在学习过程中的困难和需求。根据这些反馈,教师可以适时调整教学节奏、内容和方法,确保每位学生都能在合适的环境中提高自己的能力。这种动态调整的教学策略,不仅提高了教学的有效性,也丰富了学生的学习体验。

## 三、社会互动理论

### (一)互动学习环境

在互动学习环境中,师生之间的积极交流被视为促进学生参与感和归属感的关键因素。通过互动,学生不仅仅是被动的知识接收者,而是积极的参与者,他们在体育活动中感受到自身的价值和重要性。互动学习环境的设计旨在通过多样的交流方式,让学生在体育课堂中获得更深层次的体验和理解。这种环境的核心在于打破传统课堂中单向的信息传递,转而强调双向的互动和情感交流,从而使学生更愿意投入到体育学习中。

在互动学习环境中,小组讨论和合作学习成为重要的教学策略。学生通过与同伴的交流,分享个人经验和见解,能够更好地理解和应用体育知识。小组讨论不仅有助于知识的内化,还能培养学生的团队协作能力和沟通技巧。在这种环境中,学生可以通过讨论不同的观点,拓展自己的思维方式,增强对体育活动的兴趣和理解。这种以学生为中心的互动模式,使得体育教学不再是单纯的技能传授,而是一个充满活力的知识建构过程。

互动学习环境不仅限于课堂内部,它鼓励学生在课外也能进行多样化的交流。这样的环境促进了知识的共享与共同成长,使得学生在正式课堂之外也能继续学习和成长。通过课外的互动,学生能够将课堂上所学的知识应用于实际生活中,进一步提高学习效果。教师可以通过组织课外活动、体育社团等方式,搭建一个持续学习的平台,让学生在不同的情境中体验体育的魅力和价值。

在互动学习环境中,教师的角色尤为重要。他们需要灵活运用各种教学策略,创造一个开放的氛围,使学生能够自由表达观点,激发他们的创新思维。教师应当成为学生学习的引导者和支持者,而不是单纯的知识传授者。通过引导学生参与讨论、提出问题,教师可以帮助学生在互动中发现问题、解决问题,培养他们的批判性思维和创新能力。

### (二)协作学习机制

在体育教学中,协作学习机制强调学生在小组活动中共同解决问题,这不仅有助于提升学生的团队意识,也增强了集体责任感。在协作学习的环境中,学生通过互相交流和讨论,分享各自的见解和经验,这种互动促进了知识的深度理解与应用。协作学习机制的核心在于通过团队合作实现个人和集体的共同进步,这种机制不仅在体育课堂上有效,也为学生的全面发展提供了坚实的基础。

在协作学习机制下,学生能够在互动中分享各自的见解和经验,促进知识的深度理解与应用。在体育教学中,学生通过讨论和合作,能够更好地理解运动技能和策略。这种学习方式不仅提高了学生的学术水平,还增强了他们解决实际问题的能力。通过协作学习,学生学会了如何倾听和尊重他人的意见,这种能力对于他们未来的学习和生活都具有重要意义。协作学习机制使学生在体育活动中获得了更为全面的成长。

协作学习机制鼓励学生在体育活动中承担不同角色,这一过程有助于锻炼学生的领导能力和组织能力。通过在小组中担任不同的角色,学生能够体验到不同的责任和挑战,从而提升他们的综合素养。在体育活动中,学生可能会担任队长、裁判或者策略制定者等角色,这些角色的轮换不仅丰富了他们的学习体验,也培养了他们的责任感和领导能力。协作学习机制通过角色扮演,帮助学生在体育活动中实现自我价值的提升。

在协作学习机制中,教师的角色尤为重要。教师应设计有趣且具有挑战性的任务,以激励学生积极参与并增强合作精神。教师需要根据学生的兴趣和能力,设计出能够激发学生参与热情的活动,并通过适当的引导和反馈,帮助学生在合作中不断进步。通过精心设计的任务,学生不仅能够更好地掌握体育技能,还能在团队合作中体验到成功的喜悦和合作的乐趣。

## 四、学习动机理论

### (一)内在动机激发

在启发式体育教学模式中,内在动机的激发是一个关键因素。内在动机激发强调学生在体育活动中自主选择项目,这种自主性不仅提高了学生的参与感,同时也增强了他们对体育活动的热情。当学生能够选择自己感兴趣的体育项目时,他们更有可能全身心地投入并从中获得乐趣。这种自主选择的机会使学生感到他们的兴趣和需求得到了尊重,从而促进了更积极的参与态度。这种参与感的提升,在很大程度上是因为学生感受到了对自身选择的掌控,这种掌控感是内在动机的重要组成部分。

教师在启发式体育教学中,通过设置具有挑战性的任务来激励学生。这些任务不仅要适配学生的能力水平,还要具备一定的挑战性,以此激发学生的求知欲和探索精神。通过克服这些挑战,学生能够在体育活动中获得成就感,这种成就感是内在动机的重要驱动力之一。成就感的获得,使学生在面对困难时更具信心,并激励他们在今后的学习活动中继续努力。教师在设计任务时,需要考虑学生的个体差异,以确保每个学生都能在适当的挑战中体验成功。

内在动机激发还特别注重学生在活动中体验乐趣。这种乐趣不仅来源于活动本身的趣味性,还在于学生在参与过程中感受到体育的价值和意义。体育活动带来的乐趣和满足感能够有效地提升学生的内在动机,使他们更加愿意参与到体育学习中来。学生在活动中体验到的乐趣,能够帮助他们建立积极的体育态度,并将这种态度延伸到其他学习领域。这种乐趣体验是启发式体育教学模式的核心之一,也是激发学生内在动机的重要途径。

教师在激发学生内在动机的过程中,通过鼓励学生设定个人目标,帮助他们在实现目标的过程中增强自我效能感。自我效能感是指个体对自己能否成功完成某一任务的信念,这种信念能够显著影响学生的学习动力。通过设定个人目标,学生能够在实现这些目标的过程中感受到进步和成长,这种体验能够增强他们的自信心和自我效能感。教师在指导学生设定目标时,应注重目标的合理性和可达性,以确保学生在实现目标的过程中获得积极的反馈和体验。

### (二)外在动机影响

外在动机是指通过外部的激励因素来驱动个体行为的一种动机形式。在体育教学中,外在动机的影响力不容忽视。教师的激励和反馈是外在动机的主要来源之一,能够有效提升学生在体育活动中的参与度和表现。通过具体的激励措施,如表扬、奖励和积极的反馈,教师可以帮助学生建立自信心和成就感,从而提高他们在体育课中的积极性和主动性。这样的激励不仅能够提升学生的短期表现,还能够在长期内促进他们对体育活动的兴趣和热爱。

设定奖项和表彰机制是运用外在动机的一种有效策略。在体育教学中,设立多样化的奖项,例如"最佳进步奖"或"团队精神奖",可以激励学生在体育课中追求更高的成就,增强竞争意识。这种机制不仅能够激发学生的斗志,还能够促进他们在团队合作中表现出更强的责任感和协作能力。通过奖项的设置,学生在追求个人成就的同时,也会更加注重团队的整体表现,从而提高整个班级的体育竞技水平。

家长和社会的支持也是外在动机的重要来源。家长的鼓励和认可能够显著影响学生参与体育活动的积极性和投入程度。社会的支持,例如社区体育活动的推广和体育设施的完善,也可以为学生创造良好的体育环境,营造积极的体育氛围。通过这些外在因素的共同作用,学生能够在更为宽松的环境中进行体育锻炼,从而在潜移默化中提升对体育的兴趣和热爱。

教师在教学中运用外在动机策略,如游戏化学习和竞赛活动,可以有效提升学生的兴趣和投入感。通过将体育教学内容设计成游戏或竞赛的形式,学生能够在轻松愉快的氛围中参与学习,这种方法不仅能够激发学生的好奇心和探索欲,还能够通过趣味性的活动增强他们的学习动力。竞赛活动的引入则可以培养学生的竞争意识和团队合作精神,使他们在挑战自我的过程中不断进步,最终促进学习效果的提升。

# 第三节 启发式体育教学模式的教学过程

## 一、启发式教学的准备阶段

### (一)教学目标设定

在启发式体育教学模式中,教学目标的设定是教学准备阶段的关键环节。明确学生在体育活动中的学习目标,是激励学生自主探索和实践的基础。通过设定明确的学习目标,学生能够在参与体育活动时有目的性地进行练习和反思,进而提高学习的主动性和积极性。此外,教学目标的设定应考虑到具体的技能掌握目标。体育教学不仅仅是体能的锻炼,更是技能的提升。通过设定具体的技能目标,教师可以帮助学生在实践中逐步提高运动能力,掌握更多的体育技能,进而增强他们的自信心和成就感。

在设定教学目标时,关注学生的个体差异是必不可少的。每个学生的身体素质、兴趣爱好和学习能力各不相同,因此,制定个性化的学习目标以满足不同学生的需求显得尤为重要。个性化的目标设定能够使每位学生在自己的起点上得到发展,避免一刀切的教学方式带来的负面影响。此外,结合课程内容,设定跨学科的学习目标也是教学目标设定的一项重要任务。通过跨学科的目标设定,学生不仅可以在体育课上提高身体素质,还能在其他学科中运用所学的体育知识,促进其综合素养的提升。

制定评估标准是确保学生在实现学习目标的过程中能够得到及时反馈和指导的重要手段。评估标准的制定不仅要考虑学生的学习成果,还要关注他们在学习过程中的努力程度和进步情况。通过及时的反馈,教师能够帮助学生发现问题,调整学习策略,从而更有效地实现学习目标。评估标准的设定应具有科学性和可操作性,以便教师能够在实际教学中灵活运用,为学生提供更具针对性的指导和支持。

### (二)教学资源准备

在启发式体育教学模式中,教学资源的准备是确保教学活动顺利开展的关键环节。教师需要收集和整理适用于启发式教学的各种教学工具和设备。这些资源包括体育器材、教学软件以及多媒体设备等,它们不仅是支持学生实践活动的重要工具,也是在教学过程中激发学生兴趣和提高参与度的有效手段。体育器材的选择应考虑学生的年龄和技能水平,以确保安全和有效的练习。教学软件和多媒体设备则提供了丰富的互动和反馈功能,能够帮助学生更好地理解和掌握运动技能。

为了帮助学生获取丰富的知识背景,教师还需准备与课程内容相关的学习资料和参考书籍。这些资料不仅为学生提供了理论支持,还促进了他们的自主学习能力。通过阅读和研究,学生能够在课堂之外扩展自己的知识面,并将理论与实践相结合,形成更加全面的理解。此外,教师可以设计和准备适合不同学生需求的个性化学习资源,例如视频教程、示范动作和练习指南。这些资源能够帮助学生根据自身的兴趣和能力进行自我探索,进一步激发他们的学习动力。

为了促进学习资源的共享与合作,建立一个资源共享平台也是至关重要的。这个平台可以是一个在线论坛或是一个云端资源库,学生和教师可以在此进行互动与交流。通过分享学习资料和教学经验,学生能够从同伴和教师的反馈中获得新的视角和启发。同时,这种互动也有助于培养学生的合作能力和团队精神。在资源共享平台的支持下,学生可以更加主动地参与到学习过程中,实现知识的共同构建。

引入外部专家或教练的支持也是提升教学效果的重要策略。外部专家可以为学生提供专业指导和反馈,帮助他们在体育活动中提升技能水平。这种支持不仅可以增强学生的学习体验,还能为他们提供更多的实践机会和挑战。通过与外部专家的互动,学生能够接触到更为广泛的视角和经验,从而在体育学习中获得更大的进步和成长。

### (三)学生需求分析

在启发式体育教学模式中,学生需求分析是教学过程的关键步骤之一。了解学生的需求有助于教师设计出更具针对性的教学计划。通过分析学生的兴趣和爱好,教师能够为他们定制个性化的体育活动和项目选择。这不仅能够提高学生的参与度,还能激发他们对体育的热爱和兴趣。不同学生对体育活动的兴趣各异,有些可能对团队运动情有独钟,而另一些可能更喜欢个人挑战。通过有效的需求分析,教师可以更好地匹配学生的兴趣与教学内容,从而提升教学效果。

评估学生的身体素质和技能水平是确保教学内容符合他们的能力范围的重要步骤。每个学生的身体素质和技能水平存在差异，教师必须根据这些差异调整教学内容，以避免过于简单或过于复杂的教学任务。通过适当的评估，教师可以设计出既具有挑战性又不至于让学生感到挫败的活动，帮助学生在体育课中获得成就感。此外，评估还可以帮助教师识别出需要额外支持的学生，以便提供更有针对性的指导。

了解学生的学习风格和偏好是设计多样化教学方法的基础。每个学生的学习风格各有不同，有些学生可能更倾向于视觉学习，而另一些可能更喜欢通过实践来学习。通过识别这些差异，教师可以采用多样化的教学方法，如视觉示范、口头讲解和实践练习等，以满足不同学生的学习需求。这种多样化的教学方法不仅能提高学生的学习效果，还能增强他们的学习兴趣和积极性。

收集学生的反馈与建议是及时调整教学策略的重要途径。学生的反馈能够为教师提供宝贵的教学效果信息，帮助他们了解哪些教学方法有效，哪些需要改进。通过定期收集反馈，教师可以及时调整教学策略，以提高学生的参与感和满意度。反馈机制的建立不仅能够增强师生之间的互动，还能让学生感受到被重视，进而提高他们的学习动机和课堂参与度。

## 二、启发式教学的实施策略

### (一)问题引导

在启发式体育教学模式中，问题引导是核心策略之一。问题引导旨在通过精心设计的问题，激发学生的思考，鼓励他们自主探索体育知识和技能。这一策略强调学生作为学习主体的地位，通过问题的提出和解决，培养他们的独立思考能力和解决问题的能力。教师在此过程中扮演引导者的角色，引导学生在探索中获得知识，而不是直接给予答案。这种教学方式不仅提高了学生的学习兴趣，还能有效提升他们的体育综合素养。

设计开放性问题是启发式教学的重要环节。开放性问题的设计旨在促进学生在小组讨论中分享各自的观点，增强互动与合作。通过开放性问题，学生可以在讨论中碰撞出新的思维火花，形成多元化的解决方案。这种互动不仅能加深学生对体育知识的理解，还能培养他们的团队合作精神和沟通能力。开放性问题的设置需要教师具备一定的专业素养和创造力,以确保问题能激发学生的思考和讨论。

情境模拟是问题引导策略中不可或缺的一部分。通过情境模拟,教师可以设置具体问题,引导学生在真实情境中应用所学知识解决实际问题。这样的教学设计不仅增加了课堂的趣味性,还能帮助学生将理论知识与实际应用结合起来,提高他们的实践能力。在情境模拟中,学生需要运用所学知识进行分析和判断,从而增强其解决实际问题的能力。这种教学方式有效地缩短了课堂学习与实际应用之间的距离。

鼓励学生提出个人问题和挑战,是启发式教学中激发学生探索精神和创新能力的关键。通过鼓励学生提出自己的问题,教师可以了解学生的兴趣点和困惑之处,从而进行有针对性的指导。同时,这种做法也能激发学生的好奇心和求知欲,使他们在探索中不断创新和进步。教师需要为学生创造一个开放的学习环境,使学生敢于提出问题并积极寻找解决方案。

## (二)自主探究

自主探究是一种以学生为中心的教学策略,旨在通过让学生主动参与学习过程来提升他们的学习兴趣和主动性。在体育教学中,自主探究能够使学生选择他们感兴趣的体育项目,进而激发他们的学习热情。这种选择不仅仅是对项目的选择,更是对学习方式的选择,学生在这一过程中逐渐培养起对体育学习的积极态度和主动探索的精神。这种学习方式与传统的灌输式教学模式形成鲜明对比,更能适应学生个体差异,满足不同学生的学习需求。

在自主探究过程中,学生被鼓励制订个人学习计划。这一过程不仅有助于明确学习目标,还能提高学生的自我管理能力。通过设定切实可行的目标,学生能够更好地规划自己的学习时间,合理分配精力,并在不断地反思与调整中提升学习效果。个人学习计划的制定,也使学生在学习过程中更加有目的性和方向感,从而在体育技能的掌握上获得更好的成效。

实践活动在自主探究中扮演着至关重要的角色。学生通过亲身参与各种体育活动,能够实际检验和应用所学的理论知识,增强对体育技能的理解与掌握。实践活动不仅让学生将理论知识转化为实际能力,还为他们提供了一个观察、分析和解决问题的机会。在这一过程中,学生的动手能力和思维能力得到同步提升,学习效果更加显著。

小组合作是自主探究的另一个关键环节。在小组合作中,学生有机会分享自己的经验和见解,提升团队协作能力和社交技能。通过与同伴的交流与合作,学生能够从不同的视角看待问题,学习他人的长处,同时也培养了自己的沟通能力和合作意识。小组合作不仅有助于完成学习任务,更为学生提供了一个相互学习和共同进步的平台。

教师在自主探究中扮演着指导者和支持者的角色。在学生自主学习的过程中,教师需要提供适时的支持与反馈,帮助学生反思学习过程,进一步优化学习策略。通过对学生的观察和指导,教师能够及时发现学生在学习中遇到的问题,并给予有效的建议和帮助。

## (三)协作学习

协作学习作为启发式体育教学模式的重要组成部分,强调学生在团队中共同解决问题的能力。通过这种学习方式,学生不仅能够在体育活动中提高技能,还能增强集体责任感和团队意识。协作学习的核心在于通过团队合作来激发学生的潜能,使他们在体育活动中感受到集体的力量和个人的责任。教师在设计教学活动时,应注重创建一个支持性的环境,让学生在团队中感受到归属感和责任感,从而提高他们的学习动力和参与度。

在协作学习中,学生通过小组活动分享各自的见解,提升对体育知识的理解与应用。这种学习方式不仅促进了学生之间的交流与互动,还帮助他们在实际的体育活动中运用所学知识。学生在小组中讨论和解决问题的过程中,可以更深入地理解体育技能和策略,并在实践中检验和完善自己的想法。通过这种互动,学生能够在相互学习中不断提高,形成更为全面的体育素养。

教师在协作学习中起着至关重要的作用,他们需要设计有趣且具有挑战性的任务,以激励学生积极参与并增强合作精神。这样的任务不仅要符合学生的兴趣和能力水平,还要具有一定的挑战性,以促使学生在努力克服困难的过程中体验成功的喜悦。教师可以通过多样化的教学策略,如角色扮演、项目合作等,来激发学生的参与热情,并帮助他们在合作中学习和成长。

协作学习为学生提供了一个互相支持的平台,使他们在共同努力中建立信任和友谊。在这种学习环境中,学生能够感受到来自同伴的支持和鼓励,这对于他们的心理发展和社会交往能力的提升具有重要意义。通过与同学的密切合作,学生学会了倾听、分享和合作,这些都是他们未来在社会中立足的重要技能。协作学习不仅仅是体育技能的学习,更是对学生社会化过程的积极促进。

## 三、启发式教学的互动与反馈

### (一)师生互动

在启发式体育教学模式中,师生互动是教学过程中的核心环节。通过建立定期的反馈机制,教师可以帮助学生及时了解自己的学习进展和不足之处。这种反馈机制不仅促进了学生的自我调整与改进,还为教师提供了重要的教学参考信息。学生在了解自身学习状态后,可以更有针对性地调整学习策略,提升学习效果。这种互动过程强调了教学的双向性,教师不仅是知识的传授者,也是学生学习过程中的指导者和支持者。

课堂上,教师鼓励学生积极提出问题,营造一种开放的学习氛围。这种氛围使学生感到被重视,增强了他们的参与感和学习动力。通过鼓励质疑和讨论,学生能够更深入地理解学习内容,并在这一过程中培养批判性思维能力。教师通过引导学生思考和探索,促进了学生自主学习能力的提升。这种教学方式不仅提高了课堂的活跃度,还增强了师生之间的信任和沟通。

师生之间的互动不应仅限于课堂内。通过组织课外活动和利用线上讨论平台,师生可以在更广泛的环境中进行交流。这种延续性的互动有助于增强学生的学习连贯性和社交能力,同时也为教师提供了更多了解学生的机会。课外活动和线上互动为学生提供了展示自我和相互学习的平台,丰富了教学的形式和内容。

多样化的互动方式,如小组讨论和角色扮演等,是提升课堂活跃度的重要手段。通过小组讨论,学生可以在合作中学习,分享彼此的观点和经验,促进相互学习与交流。角色扮演则为学生提供了模拟真实情境的机会,使他们能够在实践中应用所学知识。教师通过这些互动方式,不仅激发了学生的学习兴趣,还培养了他们的团队合作能力和沟通技巧。

### (二)生生互动

生生互动在启发式体育教学中扮演着重要角色,通过小组讨论的形式,学生能够分享彼此的知识和经验。这种互动不仅丰富了学生对体育技能的理解,还有效地提高了他们的掌握水平。通过讨论,学生能够在不同视角下重新审视自己的技艺,发现不足之处并加以改进。这种知识分享的过程,不仅仅是技能的传递,更是思维方式的碰撞与融合,从而激发出更深层次的学习兴趣和动力。

在协作学习中,学生通过共同完成任务,培养出强烈的团队合作精神和集体责任感。这种合作不仅让学生学会如何在团队中有效沟通和协调,还提升了他们的社交能力。在体育教学中,协作是不可或缺的部分,通过生生互动,学生体会到合作的重要性,学会在团队中找到自己的定位,并为共同的目标而努力。这种体验为他们在未来的学习和生活奠定了重要的基础。

生生互动为学生提供了一个相互支持的平台,使他们在共同的学习过程中建立起深厚的信任和友谊。这种互动不仅增强了学生的学习体验,还让他们在情感上得到满足。通过共同的学习和努力,学生之间形成了紧密的联系,这种联系不仅限于课堂内,更延伸到课外,为他们的成长提供了持续的动力和支持。

在体育活动中,通过生生互动,学生能够承担不同的角色,从而锻炼他们的领导能力和组织能力。这种角色的转换,使学生在实践中学会如何带领团队、组织活动,并在过程中提升自己的综合素养。领导能力的培养,是学生在未来社会中不可或缺的技能,而启发式教学为他们提供了实践的机会,使他们在不断地尝试中逐渐成长。

生生互动鼓励学生在实践中相互反馈,帮助彼此识别优缺点,从而促进共同进步和自我提升。这种反馈机制,不仅让学生能够及时了解到自己的不足之处,还为他们提供了改进的方向。在相互的评价中,学生学会了如何接受批评并从中成长,这种能力对于他们未来的学习和工作都至关重要。通过生生互动,学生在不断地反馈和改进中,逐步实现自我提升。

## (三)反馈机制

反馈机制在启发式体育教学中起着至关重要的作用。它不仅是教学过程中不可或缺的一部分,还能直接影响学生的学习效果和体验。反馈机制应包括定期的评估,以帮助学生了解自身在体育技能和知识掌握上的进展与不足。通过这种方式,学生能够清晰地看到自己的成长轨迹,并明确需要改进的地方。这种评估不仅限于对学生表现的量化分析,还应结合质性评价,帮助学生全面理解自己的学习状态。

教师在制定反馈机制时,应利用多样化的反馈形式,以增强学生的学习动力和自信心。口头表扬可以即时激励学生,而书面评价则提供了更为详细的反馈信息,帮助学生进行更深入的思考。同伴反馈也是一种有效的形式,通过同龄人的视角,学生可以获得不同的见解和建议,这不仅丰富了反馈的内容,还促进了同学之间的互动与合作。多样化的反馈形式能够满足不同学生的需求,提升他们的学习体验。

建立一个反馈循环是确保反馈机制有效运作的关键。鼓励学生在活动结束后进行自我反思,并与教师讨论学习成果和改进方向,是促进学生自主学习的重要手段。通过自我反思,学生可以更好地认识到自己的优点与不足,明确下一步的学习目标。而与教师的讨论则提供了一个交流的平台,使学生能够获得专业的指导和建议,从而更好地规划自己的学习路径。

反馈机制不仅关注学生的学习进度,还应关注他们的情感和心理状态。提供积极的支持与鼓励,帮助学生克服学习中的困难,是教师的重要职责。特别是在体育教学中,学生可能会因为技能掌握不佳或比赛失利而产生挫败感,此时教师的积极反馈显得尤为重要。通过关注学生的情感需求,教师能够帮助他们建立自信,培养积极的学习态度。

# 第三章 体验式体育教学模式

## 第一节 体验式体育教学的内涵与特点

### 一、体验式教学的基本概念

#### (一)体验的定义

体验作为一种独特的学习方式,涉及学习者在特定情境中通过亲身参与而获得的感知和理解。体验式教学模式强调学生在学习过程中的主动参与和实际操作,这种方法不仅促进了知识的内化,还提升了技能的掌握。通过鼓励学生亲身参与,体验式教学使学生能够在真实的情境中进行探究和实践,进而在情感和认知上获得更深刻的理解。这种教学方法尤其适合体育教学,因为体育活动本身就需要身体的参与和技能的实践。

体验式教学通过创造真实情境和设计互动活动,增强学生的情感体验。在体育教学中,教师可以通过模拟比赛、角色扮演等活动,让学生在实践中体验不同的体育角色和策略。这种方法不仅提高了学生的学习兴趣,还能帮助他们在实践中巩固所学知识。通过沉浸式的体验,学生不仅仅是知识的接收者,更是积极的参与者和创造者,这种学习体验能够激发学生的内在动机,促进更深层次的学习。

体验式教学还特别关注学生的个体差异,鼓励多样化的学习方式。不同的学生有不同的学习风格和兴趣,体验式教学通过提供多样化的活动和任务,帮助学生根据自己的兴趣和能力进行选择和参与。在体育教学中,这种方法可以通过提供不同难度的活动和个性化的指导,帮助每个学生都能在适合自己的节奏中学习和发展。这种个性化的学习体验不仅提高了学生的学习效果,还增强了他们的自信心和成就感。

体验式教学注重反馈与反思,鼓励学生在体验后进行自我评估。通过引导学生对自己的学习过程进行反思,教师可以帮助他们识别自己的优势和不足,制订改进计划。这种反思性学习不仅促进了学生的自我提升,还培养了他们的批判性思维和问题解决能力。在体育教学中,学生可以通过录像回放、自我评估表等工具,对自己的表现进行分析和改进,从而在不断的反馈和反思中实现持续学习和发展。

### (二)在体育教学中的应用

体验式教学模式在现代体育教育中扮演着重要的角色,通过角色扮演和情境模拟,学生能够更深入地理解体育技能和规则。这种方法不仅提升了学生的参与感,还增强了他们的实践能力。在课堂上,教师可以设计模拟比赛或情境演练,让学生在真实体验中掌握理论知识。这种沉浸式的学习体验,使学生在参与过程中自然地吸收和内化所学内容,从而提高他们的综合素养。角色扮演与情景模拟的结合,使得体育课堂不再是单调的技能训练,而是充满活力的互动过程。

在体验式教学中,小组合作是一种行之有效的方法。教师通过组织学生进行团队活动,鼓励他们互相学习,培养沟通与协作能力。通过这种集体互动,学生不仅可以分享各自的见解和经验,还能在团队合作中发现自己的优势和不足。这种学习方式不仅促进了知识的共享,还增强了学生的社会交往能力和团队精神。小组合作的体验式教学,强调的是学生在团队中的角色定位和责任感,从而在实践中提升他们的领导力和组织能力。

为了激发学生的竞争意识和自我超越的动力,体验式体育教学常常设置挑战性任务和游戏化活动。这些活动不仅能提高学生的学习积极性,还能让他们在面对挑战时培养坚韧不拔的精神。通过这种方式,学生在游戏中体验竞争,在竞争中学习合作,最终在合作中实现自我提升。这样设计的教学活动,不仅让学生在轻松愉快的氛围中学习,还能有效地锻炼他们的心理素质和应变能力。

体验式教学还特别注重个性化反馈。在每次活动结束后,教师会及时给予学生针对性的指导,帮助他们识别自身的优缺点。这种反馈机制,不仅能促进学生技能的进一步发展,还能增强他们的自信心和学习动力。教师在反馈过程中,需注重方式的多样性和内容的具体性,以确保学生能够真正理解和接受。

## 二、体验式体育教学的核心要素

### (一)学生参与

体验式体育教学模式的核心在于学生的积极参与,这不仅仅是身体上的参与,还是认知和情感上的深度投入。学生在体验式体育教学中,通过主动参与各种体育活动,能够更好地理解和应用所学的体育知识。这种主动性不仅提高了学生对体育的兴趣,还增强了他们在体育环境中的适应能力和创新能力。通过亲身实践,学生能够在真实的情境中锻炼各项技能,如投篮、跑步等,进而提升他们的自信心和自我效能感。自信心的提升,使学生在面对挑战时更加从容,自我效能感的增强,则让他们相信自己能够通过努力实现目标。

在体验式体育教学中,小组合作是一个重要的组成部分。学生在小组中分享和交流各自的经验与见解,能够有效增强团队意识和合作能力。通过这种方式,学生学会了倾听与沟通,理解了团队合作的重要性。在小组合作中,教师会设计多样化的活动,鼓励学生根据自己的兴趣和需求参与其中。这种个性化的学习方式,不仅满足了不同学生的需求,还促进了他们的全面发展。通过多样化的活动设计,教师能够帮助学生发现自己的特长和兴趣所在,从而激发他们的学习热情。

### (二)实践活动

实践活动在体验式体育教学中扮演着至关重要的角色。在设计实践活动时,教师必须充分考虑学生的兴趣和能力,以激发他们的参与度和学习动力。结合学生的个性化需求,教师可以通过创造性地设置活动内容,使每位学生都能在活动中找到乐趣和成就感。这样的设计不仅能促进学生对体育学习的热情,还能帮助他们在轻松愉快的氛围中掌握新的技能和知识。

通过多样化的游戏和挑战,学生在实践活动中能够不断探索和尝试新技能。这种多样化的活动形式不仅丰富了课堂内容,还能激励学生主动参与,培养他们的创新思维和解决问题的能力。实践活动的多样性也为学生提供了展示个人特长和团队合作的机会,使他们在不同的情境中体验成功与失败,从而积累宝贵的经验。

小组合作是体验式体育教学中不可或缺的一部分。通过小组合作,学生之间的互动与经验分享得以实现,团队合作意识得以增强。在小组活动中,学生需要共同面对挑战,解决问题,这不仅提高了他们的沟通能力和协作能力,也在无形中增强了集体的凝聚力。这样的合作体验为学生提供了一个相互学习的平台,鼓励他们在相互帮助中共同进步。

设置反馈机制是实践活动的重要环节。通过反馈机制,学生可以在活动后进行自我评估,认识到自身的优缺点,这一过程不仅帮助学生反思自己的表现,还为他们提供了明确的改进方向。通过不断地自我反思和调整,学生的技能水平和自我认知能力都能得到显著提升,从而在未来的学习和生活中更加自信和从容。

为了让学生在实践中感受到体育活动的真实乐趣和价值,引入真实情境和情景模拟是必不可少的。通过将体育活动与现实生活相结合,学生能够更好地理解体育的意义和作用。情景模拟不仅增加了活动的趣味性,还让学生在实践中体验到体育活动的挑战和成就感。

### (三)反馈机制

反馈机制在体验式体育教学中扮演着至关重要的角色。它不仅是学生获得进步的动力源泉,也是教师教学效果的重要体现。有效的反馈机制应具备及时性,确保学生在运动活动结束后迅速获得教师的指导和建议。这种即时反馈能够帮助学生及时调整和改进自身表现,避免错误的重复和习惯的形成,从而在技能掌握和运动表现上取得更好的进步。同时,反馈应具备具体性和针对性,帮助学生明确自身在技能掌握和运动表现上的优缺点。通过明确的反馈,学生能够有针对性地进行练习,提升学习效率,促进技能的掌握和运动表现的提高。

教师在实施反馈机制时,可以采用多种方式,以丰富反馈的形式,提高学生的接受度。口头反馈是最直接的方式,能够在活动结束后立即给予学生指导。书面评估则可以提供更为详细和系统的反馈,便于学生在课后进行反思和复习。同伴评价作为一种互动式的反馈形式,不仅能增强学生之间的交流,还能激发学生的学习兴趣和参与感。在反馈过程中,教师应鼓励学生自我反思,促使他们在活动后进行自我评估。这种自我反思的过程有助于增强学生的自主学习能力和自我提升意识,使他们在学习中更加主动和自信。

教师在反馈过程中应特别关注学生的情感体验。积极的鼓励和支持能够增强学生的学习动机和参与感,使他们在学习过程中保持积极的心态和持久的动力。通过建设性的反馈,学生不仅能够在技能上得到提高,还能在心理上获得成长,增强自信心和成就感。

## 三、体验式体育教学的优势分析

### (一)激发学习兴趣

体验式体育教学以其丰富多样的活动形式,成功地激发了学生的好奇心和探索欲。通过设计多样化的体育活动,学生能够在参与过程中体验到新鲜感与挑战性,从而促使他们主动投入到学习中去。这种教学模式不仅仅是传授体育技能,更是通过实践活动让学生在真实情境中感受到体育的乐趣。比如,在模拟比赛中,学生能够亲身体验竞技的刺激与团队合作的成就感,这种直接的体验无疑增强了他们对体育的兴趣和热情。

体验式体育教学通过游戏化的策略,将学习与娱乐巧妙结合。在轻松愉快的氛围中,学生的参与度显著提高。游戏化的元素不仅激发了学生的兴趣,还使得他们在不知不觉中掌握了体育知识和技能。通过精心设计的游戏情境,学生在娱乐的同时也在不断学习和进步。这样的教学方法有效地避免了传统教学中枯燥乏味的弊端,使得学生在每一次的体育课中都充满期待。

体验式教学还特别强调小组合作的重要性。在合作学习中,学生能够互相支持与激励,社交性得到了极大的增强。通过团队活动,学生不仅提高了体育技能,还培养了合作精神和集体荣誉感。这种社交互动进一步提升了他们对学习的兴趣,因为他们在过程中感受到了归属感和成就感。小组合作的形式也为学生提供了一个互相学习和成长的平台。

教师在体验式体育教学中扮演着引导者的角色,通过设计具有挑战性的任务,激发学生的竞争意识和自我超越的动力。这种挑战性任务不仅让学生能够在体育活动中不断突破自我,还增强了他们的参与感和兴趣。在挑战中成长的过程,使学生更加珍惜每一次的体育活动,并在不断的挑战中获得成就感和自信心。这样的教学设计,使得体验式体育教学不仅是身体的锻炼,更是心灵的成长。

### (二)增强实践能力

体验式体育教学模式通过实践活动为学生提供了在真实运动环境中锻炼和应用所学技能的机会。这种教学模式不仅强调理论知识的传授,更注重实际操作能力的培养。学生在参与各种运动项目时,能够将课堂上学到的理论知识与实践相结合,提升对运动技能的理解和掌握。这种真实的运动体验使学生在动手操作中加深了对技能的领悟,从而大大增强了他们的实际操作能力。这种能力的增强不仅体现在体育课上,也为学生在生活中应用体育技能打下了坚实的基础。

体验式体育教学的一大特点是鼓励学生在多样化的活动中探索新技能。通过参与不同类型的运动项目,学生能够不断挑战自我,提升适应能力和创新思维。在这种教学模式中,教师引导学生尝试不同的运动项目,帮助他们发现自己的兴趣和特长。学生在体验过程中,逐渐形成了开放的思维方式,能够灵活应对各种变化的运动情境。这种探索与创新的过程,不仅丰富了学生的运动经验,也培养了他们在运动中灵活应对、随机应变的能力。

小组合作与团队活动是体验式体育教学中的重要组成部分。这些活动的设计旨在增强学生的协作能力,通过共同完成任务,学生在团队中学习如何有效沟通和协调。小组活动中,学生需要分工合作,互相配合,才能顺利完成任务。这不仅提高了他们的团队合作精神,也增强了他们的沟通技巧。在团队活动中,学生学会了倾听他人意见,尊重不同观点,并在此基础上达成共识。这种协作能力的培养,对于学生未来的学习和工作都具有重要意义。

通过设置挑战性任务,体验式体育教学帮助学生在克服困难的过程中培养坚韧不拔的精神和解决问题的能力。在面对具有一定难度的任务时,学生需要充分发挥自己的智慧和能力,寻找解决问题的方法。在这个过程中,他们不仅锻炼了身体,也磨砺了意志力。挑战性任务激励学生不断超越自我,增强自信心,同时也培养了他们在逆境中坚持不懈的品质。这种精神的培养,对于学生的全面发展具有深远的影响。

### (三)促进团队合作

体验式体育教学模式在促进团队合作方面展现出显著的优势。通过小组活动,学生在共同参与的过程中,不仅仅是身体上的互动,更是心灵上的沟通。这样的教学模式为学生提供了一个相互信任的平台,增强了团队的凝聚力。每个小组活动都需要学生共同面对挑战,在这个过程中,他们学会了如何倾听和理解他人,如何在多样的观点中找到共识,这种沟通能力的提升对他们未来的团队合作至关重要。

在体验式体育教学中,团队合作的另一个重要方面是学生通过共同制定目标和策略,提升了集体决策能力和责任感。在设定目标的过程中,学生需要考虑团队的整体利益,学会在个人与集体之间找到平衡。这不仅锻炼了他们的决策能力,也增强了他们对团队的责任感。通过这样的实践,学生意识到每一个决策都可能影响团队的整体表现,从而更加谨慎和负责。

体验式教学还鼓励学生在团队中分工合作,培养各自的特长和技能,增强团队的多样性。每个学生在团队中都有其独特的角色,他们需要在自己的岗位上发挥最大潜力,同时也要尊重和支持其他成员的工作。这种分工合作的模式不仅提升了团队的整体效率,也帮助学生认识到多样性的重要性。通过这样的合作,学生能够更好地理解和欣赏不同的角色和技能,这对他们未来的职业生涯具有重要的启示。

通过团队竞技和合作游戏,学生在实践中学习如何处理冲突和解决问题,提升了社交能力。在这些活动中,冲突和分歧在所难免,但正是在这样的情境下,学生学会了如何通过沟通和协商来解决问题。这种能力对他们未来的社交生活和职业生涯都具有重要意义。体验式体育教学通过真实的情境模拟,让学生在实践中锻炼和提升自己的社交能力,为他们的全面发展打下坚实的基础。

## 四、体验式体育教学的适用范围

### (一)学校体育课程

体验式体育教学在学校体育课程中扮演着重要的角色。通过引入真实情境,学生能够在实际的环境中应用所学的体育知识与技能。这种教学模式不仅局限于理论知识的传授,更强调实践中的理解与应用。学生在真实情境中进行体育活动,能够更好地理解动作要领及其在实际运动中的运用。这种方法不仅提升了学生的学习兴趣,还增强了他们在不同情境中应用技能的能力,使得体育学习变得更加生动和富有意义。

体验式体育教学还通过小组合作和团队活动,促进学生之间的互动与沟通。体育课程中设置的团队活动,要求学生在共同的目标下协作,培养了他们的集体意识和责任感。在这样的活动中,学生需要分工协作、互相支持,这不仅提高了他们的合作能力,也增强了他们对团队的归属感和责任心。通过这种方式,学生在体育课程中不仅收获了身体上的锻炼,还在心理和社交能力方面得到了提升。

多样化的实践活动是体验式体育教学的一大特点。通过设计丰富多样的活动,学生能够在不同的运动项目中探索新技能。这种多样化的活动安排激励学生不断挑战自我,尝试新的运动形式,从而提高他们的适应能力和创新思维。在这些活动中,学生不仅发展了身体素质,还在不断地尝试中培养了创造力和解决问题的能力,为他们未来的学习和生活打下坚实的基础。

### (二)课外体育活动

课外体育活动是体验式体育教学的重要组成部分,具有独特的教育价值和广泛的适用性。在课外体育活动中,通过体验式教学方法,学生不仅能够增强身体素质,还能在实践中形成健康的生活方式。体验式教学强调学生的主动参与和亲身体验,使他们在真实的运动情境中感受到锻炼的乐趣和挑战。这种教学模式注重学生的个体差异,鼓励他们根据自己的兴趣和能力选择适合自己的运动项目,进而提升运动的效果和学习的积极性。

体验式体育教学在课外活动中,通过多样化的运动项目,激发学生的运动兴趣和参与热情。学生在参与过程中,不仅能够学习到不同运动项目的基本技能,还能通过不断的尝试和探索,发现自己的潜能和兴趣所在。体验式教学提供了一个开放的平台,学生可以在其中自由选择和尝试,逐步形成对运动的热爱和坚持。这种基于兴趣驱动的学习方式,有助于学生在课外活动中获得更深刻的体验和更持久的运动参与。

通过组织户外探险和团队竞技等活动,课外体育活动还培养了学生的冒险精神和团队协作能力。户外探险活动如登山、野营等,可以让学生在自然环境中锻炼自己的意志力和适应能力,同时增强他们的环保意识和自然知识。团队竞技活动则强调团队合作和集体荣誉感,学生在比赛中学会了如何与他人沟通、协作,理解团队目标的重要性。这些活动不仅丰富了学生的课外生活,还为他们提供了宝贵的成长机会。

课外体育活动利用反馈机制,帮助学生在实践中不断调整和完善运动技能,促进个人发展。教师在活动中扮演指导者和支持者的角色,通过观察和反馈,帮助学生认识到自己的优点和不足,并指导他们进行针对性的训练和改进。学生在这个过程中,逐渐形成了自我反思和自我调整的能力,提升了他们的运动素养和自信心。

## 第二节 体验式体育教学的实施策略

### 一、体验式教学的课程设计原则

#### (一)学生中心原则

在体验式体育教学中,学生中心原则是课程设计的核心指导思想。课程设计应以学生的兴趣和需求为导向,确保学习内容与学生的生活经验和实际情况相结合。通过对学生兴趣的了解,教师能够设计出更具吸引力和实用性的课程内容,使学生在学习过程中保持高度的参与度和积极性。课程内容不仅要贴近学生的生活,还应能够激发学生的好奇心和探索欲望,从而促进他们在体育学习中的深度参与和持续投入。

在课程中应提供多样化的学习活动,允许学生根据自身能力和兴趣选择参与的方式,增强学习的自主性。这种设计不仅尊重了学生的个体差异,还为他们提供了一个自主选择和自我管理的空间。通过多样化的活动,学生可以在不同的情境中锻炼和发展自己的体育技能,而这种自主选择的机会也能增强学生的自信心和学习动机。

通过设置具有挑战性的任务,体验式体育教学可以激励学生在实践中探索和解决问题,培养他们的创新思维和实践能力。挑战性任务不仅能够提高学生的学习兴趣,还能促进他们在解决实际问题时的创造性思维和动手能力。在这种过程中,学生不仅仅是知识的接受者,更是积极的参与者和问题解决者,这种角色的转变对他们的综合素质提升具有重要意义。

教师在体验式教学中扮演着重要的引导和支持角色,应关注学生的反馈和表现,及时调整教学策略,以适应不同学生的学习节奏和风格。通过对学生反馈的分析,教师可以不断优化教学设计,确保每个学生都能在合适的学习环境中得到发展。这种灵活的教学策略不仅能提升教学效果,还能帮助学生在学习过程中获得成就感和满足感。

课程设计要鼓励学生之间的互动与合作,通过小组活动促进团队意识和集体责任感的培养。在体验式体育教学中,小组合作是一个重要的组成部分,能够帮助学生在团队中找到自己的角色和价值。通过合作,学生可以学习如何与他人沟通、协调和解决冲突,这些技能对他们未来的发展至关重要。

### (二)实践导向原则

实践导向原则强调通过实际操作和体验来促进学生的学习和发展。实践活动应与学生的实际生活紧密结合,这样可以使他们在熟悉的环境中学习和应用体育技能,从而增强学习的相关性和实用性。这种方法不仅有助于学生更好地理解和掌握所学内容,还能使他们在日常生活中自如地运用所学技能,提升体育学习的实效性。

课程设计中应包含多样化的实践活动,以满足不同学生的兴趣和能力,促进个性化学习和全面发展。每个学生都有自己独特的兴趣和能力水平,教师需要根据这些差异设计出丰富多样的实践活动,确保每个学生都能在课程中找到自己的兴趣点。这种多样化的实践活动,不仅能激发学生的学习动力,还能帮助他们在探索中发现自己的长处和需要提高的领域,从而实现个性化发展。

教师在课程设计中应创造真实的运动情境,通过模拟和角色扮演等方式,让学生在实践中体验体育活动的真实乐趣和挑战。通过这种方式,学生不仅能在模拟的情境中锻炼自己的体育技能,还能在角色扮演中增强团队合作意识和沟通能力。在真实情境中进行体育活动,还能让学生更好地感受到体育运动的魅力和挑战,激发他们的运动兴趣和参与热情。

实践活动应注重过程中的体验与反思,鼓励学生在参与后进行自我评估,促进他们对技能掌握的深入理解。反思是体验式学习的重要环节,通过反思,学生能够更好地认识到自己的不足和进步,从而在未来的学习中有针对性地进行改进。自我评估不仅能提高学生的自我意识,还能增强他们的自主学习能力,使他们在体育学习中更加主动和积极。

### (三)灵活性原则

灵活性原则在体验式体育教学中扮演着关键角色。课程设计应充分考虑到学生的反馈和表现,允许教师在教学过程中根据这些反馈灵活调整教学内容。这种调整不仅可以满足不同学生的学习需求,还能够提升教学的针对性和有效性。在实践活动中,教师需要根据现场的具体情况和学生的参与度,灵活地调整活动的难度和形式。这种调整确保了每个学生都能在活动中获得适当的挑战,既不至于因难度过高而丧失信心,也不因难度过低而感到无趣。

课程内容的灵活性也是保证教学成功的重要因素。课程设计应考虑到季节、天气以及学校资源等外部因素的变化,能够适时进行调整。这样的设计不仅保持了教学的有效性,还能增加课程的趣味性,使学生在不同的环境中都能积极参与体育活动。教师在这一过程中,应鼓励学生表达自己的想法和建议,这种互动有助于灵活调整活动的设计,增强学生的参与感和自主性。

为了进一步增强课程的灵活性,课程应设计成模块化结构。这种设计允许教师根据学生的进度和兴趣,灵活选择和组合不同的教学模块。模块化的课程结构不仅提高了教学的适应性,还能够更好地激发学生的学习兴趣和主动性。通过这种方式,体验式教学不仅成了一种传授知识的过程,更是一个引导学生主动参与、积极思考的体验过程。

## 二、体验式教学的课堂组织形式

### (一)小组合作形式

小组合作形式在体验式体育教学中扮演着关键角色。这种形式不仅仅是简单的学生分组,而是通过精心设计的合作任务,促进学生之间的沟通与互动。通过互动,学生能够在体育活动中增强团队意识和集体责任感,从而在共同的体育任务中实现更高效的学习。团队合作的氛围使学生在相互支持和协作中,体验到集体的力量与温暖,这种体验对学生的个人发展和社会化过程具有深远的影响。

通过小组合作,学生能够在体育活动中互相学习和分享经验,这种互动有助于提升技能掌握的效率和效果。每位学生在小组中扮演不同的角色,通过观察和模仿他人的动作和策略,学生能够更快地掌握复杂的体育技能。此外,小组成员之间的反馈和建议也为他们提供了不断改进的机会,从而在实践中不断提升个人和团队的表现。这种学习方式不仅提高了体育技能,也培养了学生的沟通能力和批判性思维。

小组活动的设计应注重角色分配,使每位学生在小组中发挥独特的作用,增强参与感。角色分配不仅能让学生在活动中找到自己的位置,还能让他们意识到每个角色在团队成功中的重要性。这种分工协作的方式能够提高学生的责任感,让他们在活动中不仅关注自己的表现,也关注团队的整体表现。这种体验式的学习模式为学生提供了一个真实的社会化环境,使他们在模拟的情境中获得实际的生活经验。

小组合作形式能够通过设置共同目标,激励学生共同努力,培养集体荣誉感和归属感。在体育教学中,设置一个明确的共同目标,如完成一项集体任务或达成某个运动成绩,可以激励学生为了共同的荣誉而努力。通过这样的目标导向,学生不仅在身体素质上得到锻炼,也在心理和情感上获得成长。集体荣誉感和归属感的培养,有助于学生在未来的学习和生活中更好地融入团队,提高责任意识。

### (二)角色扮演形式

角色扮演形式在体验式体育教学中具有独特的优势,它通过模拟真实情境,使学生在实践中体验不同角色的职责与挑战,从而增强对体育活动的理解。这种教学形式不仅仅是让学生简单地模仿,而是通过深度参与和情境再现,帮助他们更好地融入体育活动的内涵。在角色扮演的过程中,学生能够感受到每一个角色所需承担的责任和面临的困难,这对他们的体育认知和综合素质提升有着重要的促进作用。

在角色扮演中,学生有机会体验教练、运动员或裁判等多种角色,这种多元化的角色体验培养了他们的多角度思考能力与团队协作意识。通过扮演不同的角色,学生能够理解体育活动中各个岗位的独特贡献和重要性。这不仅帮助他们在体育活动中找到自己的兴趣点,也使他们在团队合作中学会尊重和理解他人的观点,提升了他们的团队协作能力和解决问题的能力。

角色扮演形式可以通过设定情景剧或比赛场景,激发学生的参与热情,提高他们的学习动机与兴趣。教师可以根据不同的教学目标和学生的特点,设计出具有挑战性和趣味性的角色扮演活动。这些活动不仅能让学生在愉快的氛围中学习体育知识,还能有效地提高他们的参与度和学习效果。通过这种方式,学生的学习不再是被动接受,而是主动参与和探索。

教师在角色扮演过程中应引导学生反思各自角色的表现,促进其自我评估与技能提升。反思是角色扮演中不可或缺的一部分,通过对自己和他人表现的反思,学生能够识别自己的优势和不足,并在此基础上制定改进计划。教师的指导和反馈在这个过程中至关重要,它帮助学生建立正确的自我认知和持续改进的动力,从而在体育活动中不断进步。

### (三)项目导向形式

项目导向形式是一种创新的教学方法,通过具体项目的开展,学生在实践中学习和掌握体育技能,并提升动手能力。这种形式强调以项目为载体,将理论与实践相结合,使学生在真实的情境中应用所学知识。通过这种方式,学生不仅能够加深对体育技能的理解,还能在动手实践中发现问题、解决问题,进而提升自身的综合素质。项目导向形式的实施需要教师精心设计项目内容,使其既具有挑战性,又能引导学生自主探索。

在项目导向形式中,学生可以根据个人兴趣选择参与的体育项目,这种选择性大大提升了学生的自主学习积极性和参与感。兴趣是最好的老师,学生在选择自己感兴趣的项目后,会更加投入地参与其中,主动探究相关体育知识和技能。这种主动性学习不仅提高了学生的学习效率,也增强了他们对体育的热爱和理解。同时,学生在项目选择和实施过程中,培养了决策能力和责任意识,为其未来的发展奠定了坚实基础。

项目导向形式还特别注重团队合作,学生需要在团队中共同完成任务,这一过程极大地培养了他们的集体协作能力和社会交往技巧。在团队合作中,学生通过分工合作,学会倾听和沟通,理解团队目标的重要性,并为实现共同目标而努力。这不仅提升了学生的团队意识,也增强了他们的社会适应能力。在项目实施的过程中,学生通过相互学习和借鉴,拓宽了视野,丰富了经验。

该形式鼓励学生设定个人目标,并在项目实施过程中进行自我评估和反思,促进自我成长。通过设定目标,学生明确了学习的方向和动力。在项目的实施中,学生不断反思自己的表现,评估目标的达成情况,这种反思性学习有助于学生发现自身的不足,并及时进行调整和改进。自我评估和反思不仅提升了学生的自我管理能力,也促进了他们的自我认知和发展。

在项目导向形式中,教师的引导作用至关重要。教师需要根据项目的进展情况给予学生适时的支持和反馈,确保学生的学习效果。教师不仅是知识的传授者,更是学生学习的引导者和支持者。在项目实施过程中,教师要关注每个学生的表现,及时发现问题并给予指导。通过有效的反馈,教师可以帮助学生克服困难,巩固所学知识,提升技能水平。

## 三、体验式教学的学生参与策略

### (一)激励机制设计

在体验式体育教学中,激励机制的设计是促进学生积极参与的重要策略。建立多层次的激励机制,既包括内在动机的激发,也包含外在奖励的设置,能够有效鼓励学生在课堂上积极表现。内在动机的培养注重学生对体育活动的兴趣和热爱,通过体验式教学让学生感受到体育的乐趣,从而激发他们的主动参与。而外在奖励则可以通过适当的物质奖励或荣誉称号,给予学生额外的动力。两者结合,形成一个完整的激励体系,帮助学生在参与过程中不断追求更高的目标。

明确的目标设定和阶段性挑战的设计,是激励机制中不可或缺的一部分。通过为学生设定明确的学习和活动目标,并将其分解为可实现的阶段性挑战,教师可以有效激励学生在每个阶段都努力追求进步和自我超越。在这一过程中,学生不仅能够增强参与感,还能逐步积累成就感。这样的设计不仅让学生在体育活动中体验到成功的喜悦,也培养了他们面对挑战时的积极态度和坚韧不拔的精神。

同伴评价和小组竞争是激励学生参与体验式体育教学的有效手段。通过让学生参与同伴评价,彼此之间可以形成一种良性的竞争关系,激发更高的学习热情。同时,小组竞争的方式不仅能提升学生的团队合作能力,还能增强集体荣誉感。在这样的氛围中,学生会更加愿意为团队的荣誉而努力,进而提升整体的参与度和教学效果。小组竞争和同伴评价的结合,使得学生在体验式教学中不仅关注个人表现,也重视团队的协作与支持。

设计丰富多样的活动与游戏,是激励学生参与体验式体育教学的关键。趣味性与挑战性的结合,能够有效激发学生的参与热情和学习兴趣。在设计活动时,教师应注重活动的多样性和趣味性,以满足学生不同的兴趣和需求。通过不断变换活动形式,保持学生的新鲜感和参与欲望。同时,适当的挑战性设计可以促使学生在活动中不断尝试和突破自我,进而提升他们的综合素质和能力。

### (二)反馈与反思

反馈与反思在体验式体育教学中扮演着至关重要的角色。有效的反馈应当及时且具体,这样能够确保学生在活动结束后迅速获得指导,从而促进技能的即时调整与优化。例如,当学生在篮球训练中尝试新的运球技巧时,教师应在训练后立即给予详细的反馈,指出动作中的优点和需要改进的地方。这样的反馈不仅能帮助学生在下次练习中做出调整,还能让他们在实践中不断进步。反馈的及时性和具体性是提升教学效果的关键因素。

在反馈过程中,教师应特别关注学生的情感体验,给予积极的鼓励。这有助于增强学生的学习动机和参与感。在体育教学中,学生往往会因为某些动作的难度而感到挫败,此时教师的鼓励显得尤为重要。通过表扬学生的努力和进步,教师可以帮助学生建立自信,激发他们的热情,使他们更愿意参与到后续的学习中。情感上的支持和鼓励不仅能提升学生的运动表现,还能培养他们积极向上的学习态度。

反馈机制还应鼓励学生进行自我反思,促使他们在活动后进行自我评估,从而增强自主学习能力。通过引导学生思考自己的表现,识别出自身的优缺点,学生能够更好地理解自己的学习过程。自我反思是一种深度学习的方法,它不仅有助于学生在体育技能上的提升,也有助于培养他们的批判性思维和问题解决能力。教师可以设计一些反思性问题,引导学生进行深刻的自我分析,促进他们的全面发展。

教师可以通过多种形式的反馈,如口头、书面和同伴评价,丰富反馈的方式,提高学生的接受度和参与感。不同形式的反馈可以从多角度帮助学生理解和改进自己的表现。口头反馈便于即时交流,书面反馈则提供了详细的记录,同伴评价能够促进学生之间的互动与合作。这些多样化的反馈方式不仅丰富了教学手段,还增强了学生对反馈的理解和应用能力。

### (三)自主学习支持

自主学习支持是体验式体育教学中不可或缺的一部分。为了促进学生的自主学习积极性,教师应提供多样化的学习资源。这些资源应涵盖广泛的体育项目和理论知识,以满足学生不同的兴趣和需求。通过提供丰富的学习材料和工具,学生可以根据个人兴趣选择适合的内容,进而激发他们的学习热情和探索欲望。这种资源的多样性不仅能支持学生的自主学习,还能增强他们的学习成效。

设立自主学习目标是引导学生进行有效学习的关键。教师应帮助学生制定明确的个人学习计划,使他们在学习过程中拥有清晰的方向和目标感。这种目标设定不仅能增强学生的责任感,还能提高他们的自我管理能力。在目标的指引下,学生能够更好地规划时间和精力,从而在体育学习中取得更好的进步。这一过程也有助于培养学生的自律性和独立性。

在体验式教学中,鼓励学生在实践中进行探索是培养他们问题解决能力和创新思维的重要途径。通过自主选择活动和项目,学生可以在真实情境中应用所学知识,解决实际问题。这种探索性学习不仅能提高他们的动手能力,还能激发他们的创造力。在解决问题的过程中,学生会逐渐形成独立思考和创新的习惯,这对他们的全面发展具有重要意义。

建立学习社区是促进学生之间交流与合作的重要策略。在学习社区中,学生可以分享经验和资源,互相学习和支持。这种社交支持不仅能增强学生的学习动力,还能提高他们的合作能力。通过与同伴的互动,学生可以获得更多的学习灵感和反馈,从而在学习过程中取得更好的成绩。学习社区的建立为学生提供了一个互助共赢的平台。

## 四、体验式教学的教学资源利用

### (一)多媒体资源整合

多媒体资源整合在体验式体育教学中扮演着重要角色。将视频、音频、动画和互动软件等多种形式的资源进行整合,可以极大地丰富体育教学的内容和表现形式。多样化的多媒体资源不仅能吸引学生的注意力,还能通过不同的感官刺激,帮助学生更好地理解和掌握教学内容。这种整合还促进了教学方法的创新,使得教师能够灵活地运用多种手段来传达复杂的体育知识和技能。

多媒体资源的使用能够显著提高体育技能的示范和讲解效果。通过视频和动画,教师可以生动地展示动作要领,学生能够更直观地观察和模仿这些动作。音频解说则可以帮助学生在视觉学习的基础上加深对动作要领的理解和记忆。与此同时,多媒体资源的即时反馈功能尤为重要。通过录制和回放学生的表现,教师可以帮助学生识别动作中的不足之处,并提供针对性的指导,促进学生技能的改进和提升。

多媒体资源的整合还可以与在线学习平台结合,为学生提供课外自主学习和复习的机会。这种方式提高了学习的灵活性和便利性,学生可以根据自己的时间安排进行学习,进一步巩固课堂上所学的知识和技能。在线平台的互动功能还可以为学生提供丰富的学习资源和交流平台,鼓励学生之间的互动和合作,增强学习效果。

借助多媒体资源的互动性,教师可以设计出具有游戏化特征的教学活动。这类活动通过趣味性和挑战性激发学生的参与感和学习动机,使得体育教学不再仅仅是技能的传授,而是成了一种激发学生主动参与和探索的过程。通过这种方式,学生不仅能够提高体育技能,还能在愉悦的氛围中提升自身的学习能力和团队合作精神。

### (二)校外资源链接

体验式体育教学在实施过程中,校外资源的有效链接是关键。通过与地方体育组织的合作,可以开展丰富多样的社区体育活动。这不仅增强了学生对体育的参与感和归属感,还促进了他们在真实环境中的社交能力和团队协作精神的培养。社区体育活动的多样性和开放性为学生提供了一个广阔的平台,使他们能够在实践中感受体育的魅力和价值。

与专业教练和运动员的合作是提升学生体育技能水平的重要途径。通过专业指导,学生能够更深入地理解体育运动的技术细节和战术安排。这种直接的互动和学习方式,不仅提高了学生的体育知识,还大大增强了他们的实践能力和自信心。专业教练的经验分享和运动员的示范教学,为学生提供了宝贵的学习机会,使他们在体育实践中更具优势。

邀请体育专家举办讲座和成立工作坊,为学生提供了一个拓宽视野的平台。在这些活动中,学生能够接触到不同体育项目的最新动态和发展趋势,激发他们的兴趣和探索欲望。专家的经验分享和专业见解,使学生能够从多角度理解体育运动的内涵和价值。这种学习方式不仅丰富了学生的知识储备,也激励他们在体育领域持续探索和进步。

组织校外体育赛事和竞赛,是体验式教学中不可或缺的环节。在真实的比赛环境中,学生能够锻炼团队合作和竞技精神,并在实践中提升实际操作能力。比赛过程中,学生不仅要面对对手的挑战,还要与队友密切配合,这种经历有助于培养他们的责任感和领导能力。通过参与比赛,学生能够更好地理解体育精神的核心要素,并在实践中不断成长。

# 第三节 体验式体育教学在技能培养中的作用

## 一、体验式教学对运动技能掌握的影响

### (一)运动技能的定义与分类

运动技能是指个体在特定运动情境中,通过学习和实践,掌握的身体动作和运动表现能力。它不仅是体育活动中的核心元素,也是衡量运动员和学生体育能力的重要指标。运动技能的定义涉及动作的精确性、速度、协调性和灵活性等多个方面。在体验式体育教学中,这些技能通过实际的运动情境和反复的练习得到强化和提升。体验式教学强调在真实情境中进行学习,使学生能够在实践中感知和理解运动技能的要素,从而提高其掌握程度。

运动技能可以分为基本技能和复杂技能。基本技能如走、跑、跳等,是构成复杂技能的基础。这些基本技能通过体验式教学的方式,使学生在自然的运动环境中得以强化。复杂技能则是由多个基本技能组合而成,如篮球投篮、足球射门等。在教学中,通过分解动作和逐步组合的方式,让学生在真实的比赛或活动中体验和掌握复杂技能的应用。此外,运动技能的分类还可以根据运动的性质进行划分,包括个体运动技能和团队运动技能。这种分类方式使得教学能够更有针对性地进行设计和实施。

个体运动技能如游泳、跑步等,强调个体在运动中的独立表现,而团队运动技能如足球、篮球,则需要强调团队协作和战术配合。体验式教学在这两种技能的教学中都起到重要作用,通过模拟比赛情境和团队合作练习,学生能够在真实的情境中提高技能的应用能力和团队协作能力。运动技能的掌握程度通常通过技能的准确性、速度、协调性和灵活性来评估。在体验式教学中,学生通过不断的实践和反馈,能够在这些方面逐步提高,达到更高的运动表现标准。

### (二)运动技能掌握的影响因素

运动技能的掌握是一个多因素综合作用的结果,其中学生的动机与兴趣起着至关重要的作用。学生在体育学习中的积极态度不仅能够提高他们的参与度,还能显著增强学习效果。动机与兴趣驱动着学生投入更多的时间和精力去练习,从而在潜移默化中掌握更高水平的运动技能。积极的学习态度能够激发学生的内在动力,使他们在遇到困难时更有毅力和决心去克服挑战,进而提高技能掌握的效率和效果。

教师的指导与支持在运动技能的学习过程中同样不可或缺。教师不仅是知识的传授者,更是学生学习过程中的引导者和支持者。通过及时的反馈和个性化的建议,教师能够帮助学生更快地识别和纠正错误,避免不良习惯的养成。同时,教师的鼓励和支持能够增强学生的自信心,激励他们不断追求更高的运动水平。个性化的指导能够满足不同学生的学习需求,使每个学生在技能学习中都能获得最大化的进步。

实践的频率与强度是影响运动技能掌握的另一关键因素。持续的练习能够加深学生对技能的理解,并形成身体对技能的肌肉记忆。通过不断的实践,学生能够在实际操作中感受到技能的细微差异,并通过反复的练习逐步掌握复杂的运动技能。适当的挑战则能够激发学生的潜能,使他们在克服困难的过程中获得成长。实践的频率与强度需要根据学生的实际情况进行调整,以确保他们能够在安全的环境中进行高效的学习。

同伴的互动与合作在运动技能的学习中也起到了促进作用。通过小组活动,学生能够在互动中相互学习,分享各自的经验和技巧。这样的合作学习不仅能够增强学生的团队合作能力,还能通过同伴的观察和反馈提高技能掌握的准确性和熟练度。小组活动为学生提供了一个交流和合作的平台,使他们在集体中获得更多的学习机会和支持。

## 二、体验式教学在技能训练中的应用方法

### (一)任务导向训练法

任务导向训练法是一种通过设定具体运动目标来帮助学生明确学习方向的教学方法。这种方法在体育教学中尤为重要,因为它能够提升学生技能掌握的针

对性。在任务导向训练中,教师会为学生设定明确的运动目标,使学生在实践中有明确的方向感。通过这种方式,学生不仅能够更好地理解所学的运动技能,还能在实践中不断调整和改进自己的技术动作,从而提高技能水平。这种方法强调学生在训练过程中主动参与,提升他们的自主学习能力和对运动技能的深刻理解。

任务导向训练法强调在真实情境中进行技能训练。通过模拟比赛或实际运动中的应用,学生能够将所学知识运用到实战中,增强实战能力。这一方法的核心在于让学生在真实的运动环境中体验和应用所学技能,从而提高他们在实际比赛中的表现能力。通过这种方式,学生不仅能够提高技术水平,还能在比赛中更好地应对各种突发情况,提升应变能力和心理素质。这种真实情境的训练模式能够有效地缩短理论与实践之间的距离,使学生在学习过程中更加投入。

任务导向训练法还鼓励学生在小组合作中共同完成任务。这种方法不仅提升了团队协作能力,还增强了学生的集体责任感。在小组合作中,学生需要相互配合,共同解决训练中遇到的问题,这种协作精神对他们未来的发展有着重要的意义。通过小组任务,学生能够学会如何与他人沟通、协作,以及如何在团队中发挥自己的作用。这种团队合作的训练方式,不仅提高了学生的运动技能,还培养了他们的团队合作意识和责任感。

任务导向训练法注重反馈机制。教师通过及时的评价和指导,帮助学生识别自身的优缺点,促进技能的持续提升。在训练过程中,教师会对学生的表现进行及时的反馈,指出他们在训练中的优缺点,并给予相应的指导。这种反馈机制能够帮助学生更好地理解自己的不足之处,并通过不断的练习和调整来提高自己的技能水平。

### (二)情境模拟训练法

情境模拟训练法是一种通过创造真实运动场景,使学生在模拟环境中体验和应用体育技能的教学方法。这种方法不仅增强了学习的实际感和趣味性,还使学生能够在真实感较强的环境中进行技能训练。通过这种方法,学生能够更好地理解和掌握体育技能的应用场景,提高他们在实际运动中的表现。情境模拟训练法的核心在于为学生提供一个接近现实的学习环境,使他们能在接近真实的条件下进行练习,从而提高学习效果。

该训练法强调情境的多样性,设计不同的情境任务,以满足学生在技能掌握过程中的不同需求和兴趣。通过丰富的情境设置,学生能够在多样化的任务中锻炼和提高自己的技能水平。这种多样性不仅有助于维持学生的学习兴趣,还能使他们在不同的情境中灵活应用所学技能。多样化的情境设计能够激发学生的学习动机,使他们在训练中保持积极性和投入感,从而提高整体的学习效果。

教师在情景模拟中扮演引导者的角色,帮助学生分析情境中的关键要素,提升他们的决策能力和应变能力。在情景模拟训练中,教师不仅是知识的传授者,更是学生学习过程中的支持者和引导者。通过引导学生分析情境中的关键要素,教师能够帮助学生更好地理解和应对各种复杂的运动情境。教师的引导能够使学生在情境中更有效地做出决策,提高他们的应变能力和解决问题的能力。

情景模拟训练法鼓励学生在小组中合作,通过角色分配与任务分工,培养团队协作精神和集体责任感。小组合作是情景模拟训练中的重要组成部分,通过角色分配和任务分工,学生能够在合作中学习和成长。合作学习不仅能够提高学生的沟通和协作能力,还能增强他们的集体责任感。在合作过程中,学生能够互相学习和支持,从而在团队中实现更好的学习效果。

### (三)反馈与调整策略

反馈与调整策略在体验式体育教学中扮演着至关重要的角色。建立系统的反馈机制是确保学生在每次活动后获得详细表现评估的关键,这不仅有助于促进技能的及时调整与改进,还能帮助学生在运动中获得更深刻的理解。通过系统化的反馈,学生能够清晰地看到自己的进步和不足之处,从而在后续的训练中进行更有针对性的改进。这种机制需要教师在设计活动时就考虑到反馈的环节,确保反馈的及时性和有效性,以便学生能够在第一时间调整自己的学习策略。

采用多样化的反馈方式是提高学生对反馈接受度和参与感的有效手段。在体验式教学中,口头指导、书面评估和同伴反馈都是重要的反馈形式。口头指导可以在活动过程中即时进行,帮助学生实时调整;书面评估则提供了详细的分析和建议,便于学生在课后仔细阅读和反思;同伴反馈则通过同学之间的互动,提高学生的参与感和责任感。这些多样化的反馈方式相辅相成,共同促进学生技能的提升和学习的深入。

反馈的具体性和针对性是提升学生技能掌握和运动表现的关键因素。具体的反馈能够帮助学生明确在技能掌握中的优缺点,使其能够有针对性地进行练习和改进。教师在提供反馈时,应尽量详细地指出学生表现中的亮点和不足之处,并给出具体的改进建议。这不仅能帮助学生更好地理解自己的学习进程,还能激发其主动学习的积极性,从而在实践中不断完善自我。

鼓励学生进行自我反思和设定个人学习目标是反馈与调整策略中的重要组成部分。通过自我评估,学生能够更好地认识到自身的能力和不足,进而设定切实可行的学习目标。这种自我反思的过程有助于提升学生的自主学习能力和自我提升意识,使其在学习中更加主动和自信。教师可以通过引导学生进行反思性的问题讨论和个人目标设定,帮助其在学习过程中不断进步。

## 三、体验式教学对学生运动兴趣的激发

### (一)兴趣激发的心理机制

体验式体育教学在激发学生运动兴趣方面具有独特的心理机制。兴趣激发的内在动机是其中一个关键因素。在体验式体育教学中,学生通过参与真实的体育活动,能够切实感受到成就感和自我价值,这种体验直接激发了他们的内在学习动机。学生在参与过程中,不仅仅是为了完成任务,而是为了追求自我提升和成就感,这种内在动机的激发,是体验式教学模式的重要心理机制之一。

情感共鸣的作用在体验式教学中同样不可忽视。通过生动的情境设置和互动活动,学生能够在参与过程中产生情感共鸣。这种情感上的共鸣使得学生对体育活动产生更深的情感认同和兴趣。体验式教学通过模拟真实情境和角色扮演等方式,增强了学生的情感投入,使他们在体育活动中找到乐趣,从而对体育产生更持久的兴趣。

社交互动是体验式教学中另一个重要的心理机制。在小组合作和团队活动中,学生通过与同伴的互动与支持,增强了参与感和归属感。这种社交互动不仅提高了学生的社交技能,还提升了他们对体育活动的兴趣。在团队合作中,学生学会了信任与协作,这种积极的社交体验进一步增强了他们的参与意愿和对体育的热爱。

体验式体育教学通过设置适当的挑战,给予学生克服困难并获得成功的机会,这种挑战与成功的反馈机制极大地增强了学生对体育的兴趣。学生在面对挑战时,往往需要调动自身的各种能力,而成功克服挑战后所获得的成就感,进一步激发了他们的参与意愿。这种正向反馈机制,使得学生在不断挑战自我的过程中,逐步提升了对体育活动的兴趣和投入。

### (二)体验式教学的趣味性设计

体验式教学的趣味性设计在体育教学中扮演着至关重要的角色。通过精心

设计的趣味性活动,教师可以有效地激发学生的运动兴趣,并帮助他们在轻松愉快的环境中掌握体育技能。首先,通过游戏化设计,将体育教学与趣味性游戏结合,可以显著增加学生的参与感和乐趣。这种方法不仅能够提升学生的学习积极性,还能使他们在不知不觉中提高运动技能。例如,在篮球教学中,教师可以设计一些小组合作的游戏,让学生在竞争中感受到团队合作的重要性,从而提升他们对运动的兴趣和投入度。

引入主题活动是另一种有效的趣味性设计策略。通过组织运动会、节日庆典等活动,教师可以利用特定的主题激发学生的兴趣和参与热情。这些活动不仅为学生提供了展示自我的平台,还能促进他们之间的交流与合作。例如,在运动会中,学生可以根据自己的兴趣选择参与不同项目,体验不同运动的乐趣和挑战。这种多样化的选择不仅满足了学生的个性化需求,还增强了他们对体育活动的积极性和投入感。

设计多样化的运动挑战和竞赛是激励学生的重要手段。在竞争中体验快乐,不仅能够增强学生对体育活动的投入,还能培养他们的竞争意识和团队合作能力。通过设置不同难度的运动挑战,教师可以帮助学生在克服困难的过程中体验成就感。例如,在田径训练中,可以设计接力赛、障碍跑等项目,鼓励学生在团队中发挥各自的优势,体验合作的乐趣和成功的喜悦。

利用音乐、舞蹈等元素融入体育教学,可以创造轻松愉快的学习氛围,提升学生的参与体验。音乐和舞蹈作为一种艺术表现形式,能够激发学生的创造力和表现欲望。在体育课中,教师可以通过播放动感的音乐或组织舞蹈活动,来调动学生的情绪和参与热情。这种方式不仅能够提高学生的运动兴趣,还能促进他们的身体协调性和节奏感的发展。

### (三)学生自主参与的激励

体验式体育教学模式强调学生在学习过程中的主动性和参与感。学生自主参与的激励不仅能够提升他们对运动的兴趣,还能培养其责任感和自我管理能力。通过设立学生自主学习目标,教育者可以鼓励学生根据个人兴趣和能力制定具体的学习计划。这种目标导向的学习方式,不仅增强了学生的责任感,还促进了其自我管理能力的提升。在这样的教学环境中,学生能够更好地理解自身的学习需求,并采取积极的措施来实现目标。

为了激发学生的主动性和创造力,体验式体育教学提供了多样化的选择。学生可以在活动中自由选择参与的项目和方式,充分发挥其个性和特长。这种选择自由不仅激发了学生的兴趣,还鼓励他们在体育活动中探索和创新。通过这种方式,学生能够在参与体育活动的过程中,体验到自我表达和创造的乐趣,从而进一步增强对体育的兴趣和投入。

建立学习社区是体验式体育教学中的另一重要策略。通过促进学生之间的交流与合作,学习社区为学生提供了一个分享经验与资源的平台。在这个过程中,学生能够获得来自同伴的社交支持,这不仅增强了他们的自主学习能力,还提高了学习的有效性。在学习社区中,学生通过相互帮助和分享,形成了积极的学习氛围,这对他们的成长和发展具有重要意义。

为了帮助学生识别学习进展和不足,体验式体育教学定期组织反思和评估活动。这些活动为学生提供了一个反思和总结的机会,使他们能够更清晰地认识到自己的学习进步和需要改进的地方。通过这种持续的反思和评估,学生能够更好地调整自己的学习策略,促进自我提升和持续学习能力的发展。这种自我反思的过程是学生成长中的重要环节,有助于他们在未来的学习和生活中取得更大的进步。

激励机制的引入是体验式体育教学中不可或缺的一部分。通过设定奖励和表彰,教育者能够激励学生在参与体验式体育教学中积极表现。这种激励不仅提升了学生的自信心,还增强了他们的归属感。通过对积极表现的认可,学生能够感受到自己的努力和进步,从而更加投入到学习和活动中。

## 四、体验式教学在团队合作技能培养中的作用

### (一)团队合作技能的构成

团队合作技能是现代体育教学中不可或缺的组成部分,其构成涉及多个关键方面。首先,有效沟通能力是团队合作的基石。通过体验式教学,学生能够在实际的体育活动中练习如何清晰表达自己的观点,同时学会倾听他人的意见。这种互动不仅促进了信息的共享,也加深了团队成员之间的理解。在体育项目中,学生通过角色扮演和团队讨论,逐步掌握沟通的技巧,从而在团队合作中发挥更大的作用。

团队合作技能还包括角色分配与责任意识。在体验式体育教学中,学生被赋予不同的角色,要求他们明确各自的责任。这种角色扮演不仅帮助学生理解团队中每个角色的重要性,还提高了团队的整体运作效率。通过这种方式,学

生能够更好地认识到自己的价值,并在团队中积极贡献力量,从而提升团队的整体表现。

冲突解决能力也是团队合作技能的重要组成部分。在团队活动中,分歧和冲突不可避免。体验式体育教学为学生提供了一个安全的环境,让他们能够识别并妥善处理这些冲突。通过实际案例分析,学生学习到如何在不破坏团队和谐的情况下解决问题,保持团队的合作氛围。这种能力对于团队的长期发展至关重要。

信任建立与维护是团队合作技能中不可忽视的一环。在体验式教学中,学生通过共同参与活动,逐步建立起相互之间的信任。这种信任感不仅增强了团队的凝聚力,也提高了团队的执行力。通过反复的合作与互动,学生学会了如何在团队中建立和维持信任,这对于团队的持续发展和成功至关重要。

## (二)体验式教学中的团队活动设计

体验式教学中的团队活动设计在体育教学中扮演着重要角色,其核心在于通过设计多样化的团队挑战活动,鼓励学生在解决问题的过程中培养协作意识和集体责任感。这种教学模式强调学生在真实情境中进行实践,通过亲身体验来理解合作的重要性。在团队挑战活动中,学生需要面对各种复杂的任务,这不仅要求他们具备一定的体育技能,还需要在团队中有效地沟通与合作。通过这样的活动,学生能够在实践中感受到团队合作带来的力量,从而增强集体责任感和协作意识。

在体验式教学中,角色扮演活动是培养学生团队合作技能的另一重要方式。在这些活动中,学生被分配到不同的团队角色,要求他们在这些角色中实践沟通与协作技能。这种方法不仅让学生体验到不同角色的责任和挑战,还增强了他们对团队合作的理解。通过角色扮演,学生能够更好地理解团队中每个成员的重要性,以及如何通过有效的沟通和协作来实现共同目标。这种体验式的学习方式能够显著提高学生在团队中的适应能力和沟通技巧。

组织团队竞技比赛也是体验式教学中不可或缺的一部分。通过设置明确的团队目标与任务,学生在竞争中不断增强团队凝聚力与协作能力。竞技比赛提供了一个激烈而又充满乐趣的环境,学生在其中不仅要发挥个人能力,还要依赖团队的力量来取得胜利。这种竞争性的活动能够激发学生的潜力,使他们在合作中学会信任和支持队友,从而提高团队的整体表现。

引入团队建设游戏是另一种有效的团队活动设计方法。通过趣味性活动,学生之间的信任与合作得以增强。这些游戏通常设计为需要多名学生共同参与,并且只有通过团队合作才能完成任务。这样的活动不仅增加了学生之间的互动,还能在轻松愉快的氛围中促进团队精神的形成。通过这些体验,学生能够更深刻地认识到合作的重要性,并在日常学习和生活中更加自觉地运用这些技能。

### (三)团队角色分配与协作

团队角色分配与协作是体验式体育教学中不可或缺的组成部分。有效的角色分配应基于每位成员的特长和兴趣,这样的安排不仅能激发学生的参与热情,还能确保每个人在团队中发挥其最大潜能。通过这种方式,团队成员可以在各自擅长的领域贡献力量,增强自信心和成就感。在体育教学中,教师应关注每个学生的独特性,合理分配任务,使得每位学生都能在团队活动中找到自己的位置。

在团队活动中,明确每个成员的职责是提高团队运作效率的关键。清晰的责任分工可以有效减少重复劳动和资源浪费,确保团队朝着共同的目标前进。通过明确的角色划分,学生不仅能够更好地理解团队合作的重要性,还能培养其组织能力和时间管理能力。这种实践经验对于学生未来的职业生涯具有重要的借鉴意义,因为它们学会了如何在复杂的环境中协调多个任务。

角色分配的另一个重要作用是让学生体验不同的团队角色,从而增强对团队合作的理解和适应能力。在体育教学中,通过参与不同的角色,学生能够更深入地体会团队协作的多样性和复杂性。这种体验促使学生在面对不同的团队环境时,能够快速适应并发挥作用。此外,角色体验也有助于学生提高沟通能力和解决问题的能力。

为了确保团队活动的有效性,定期评估团队角色的适应性是必要的。通过评估,教师可以及时发现角色分配中的不足,并进行调整,以应对活动中出现的不同挑战。这种动态调整不仅能维持团队的高效运作,还能帮助学生在不断变化的环境中学会灵活应对。这种能力对于现代社会中的团队合作尤为重要,因为它要求成员具备快速反应和适应变化的能力。

# 第四章　竞技体育教学模式

## 第一节　竞技体育教学的目标与任务

### 一、竞技体育教学的核心目标

#### (一)提升竞技水平

竞技体育教学的核心目标之一是提升运动员的竞技水平。实现这一目标的关键在于明确竞技水平的评估标准。通过科学的评估标准，教练员能够制定出更具针对性的训练计划，使运动员在短期内获得显著的进步。评估标准不仅包括运动员的身体素质和技能水平，还涵盖心理素质和团队协作能力。通过这些标准的综合评估，教练员可以更加精准地识别运动员的优势和不足，从而在训练计划中进行有针对性的调整。

科学的训练方法是提升运动员身体素质和技能水平的基础。在竞技体育教学中，科学的训练方法不仅包括传统的体能训练和技术训练，还涉及心理素质的培养。心理素质训练帮助运动员在比赛中保持最佳状态，尤其是在高压环境下的表现。通过心理素质的提升，运动员能够更加自信地面对挑战，并在比赛中发挥出最佳水平。此外，心理训练还可以帮助运动员更好地应对失败和挫折，从而在长期的竞技生涯中保持良好的心态。

团队协作与沟通是提升集体竞技水平和默契度的关键因素。在竞技体育中，团队的整体表现往往比个人能力更加重要。通过促进团队协作，运动员可以在比赛中更好地理解队友的意图，从而在关键时刻做出更为准确的判断和反应。良好的沟通不仅有助于提高比赛中的协调性，还能增强团队的凝聚力和战斗力。通过定期的团队建设活动和沟通训练，教练员可以有效地提升团队的整体水平。

现代科技手段在竞技体育教学中的应用，极大地优化了训练和比赛策略。利用现代科技，教练员可以对运动员的运动表现进行详细的分析，从而在训练和比赛策略上做出更为科学的决策。例如，通过视频分析技术，教练员可以捕捉运动员在比赛中的每一个细节动作，从而在技术训练中进行针对性的改进。

## (二)培养团队合作

在竞技体育教学中,培养团队合作是实现整体教学目标的重要一环。团队合作不仅能提升运动员的个人能力,还能增强整个团队的凝聚力和战斗力。通过设计和实施团队训练活动,运动员之间的相互信任和支持得以加强。这些活动不仅包括常规的训练项目,还涵盖了多样化的互动环节,旨在通过共同的努力和协作,提升团队的整体表现。每位运动员在参与过程中,逐渐体会到团队合作的重要性,从而更好地融入团队中。

为了在比赛中取得优异成绩,团队合作的战术演练显得尤为重要。这些演练不仅帮助运动员在实际比赛中快速适应不同的比赛环境,还培养了他们在高压状态下的协同作战能力。通过模拟比赛情境,运动员可以练习如何在瞬息万变的比赛中保持冷静,并做出最佳的战术决策。这种实战化的训练方法,使得运动员在赛场上能更自如地与队友配合,发挥出最大潜力。

团队建设活动是促进运动员之间沟通与理解的有效方式。这些活动不仅限于体育场上的互动,还包括团队聚会、讨论会等多种形式。通过这些活动,运动员之间的关系更加紧密,团队精神得以增强。运动员在参与过程中,逐渐认识到沟通与理解在团队合作中的重要性,从而在比赛中更好地配合与协作。

引入团队目标设定机制是激励运动员实现集体目标的有效手段。在这一过程中,团队共同设定切实可行的目标,并为实现这些目标而努力。每位运动员都能在目标实现的过程中感受到成就感,这不仅提升了个人的积极性,也增强了团队的整体表现。通过这种机制,运动员在追求个人进步的同时,也不忘集体的荣誉与目标。

## (三)增强身体素质

增强身体素质是竞技体育教学中的核心目标。制定个性化的身体素质训练计划是实现这一目标的关键步骤。针对不同运动员的需求,教练需要进行差异化训练,以提升其核心力量、耐力和灵活性。这种个性化的训练计划不仅能够帮助运动员在其特定的运动项目中取得更好的成绩,还能有效减少运动损伤的风险。通过科学的评估和分析,教练可以确定每位运动员的优势和不足,从而制定出最适合他们的训练方案,确保每位运动员都能在其身体素质的提升上得到最大化的支持。

多样化的训练方式是全面提升运动员身体素质的重要手段。力量训练、耐力跑和灵敏度训练等方法的结合使用,可以从不同方面增强运动员的身体能力。力量训练可以提高肌肉的爆发力,耐力跑则有助于提升心肺功能,而灵敏度训练则能增强运动员的反应速度和协调能力。这些训练方式的综合运用,不仅能够帮助运动员在比赛中获得更强的竞争力,还能提高其整体运动表现。通过不断更新和优化训练方法,可以确保运动员在身体素质上的全面发展。

定期进行身体素质测试是监测运动员体能变化的一项重要措施。通过这些测试,教练可以及时了解每位运动员的体能状况,从而对训练内容进行适时调整。这种动态的训练调整机制,能够确保训练效果的持续性和有效性。测试结果不仅为教练提供了运动员当前状态的客观数据,还为后续的训练计划提供了科学依据。通过对数据的分析,教练可以识别出训练中的问题并进行针对性的改进,以保证运动员在体能上的持续提升。

结合营养学知识制定合理的饮食计划,是优化运动员身体状态的重要环节。科学的饮食计划不仅可以帮助运动员补充训练消耗的能量,还能通过合理的营养搭配,增强其身体素质。营养摄入的合理性直接影响到运动员的身体恢复速度和训练效果。通过与营养学专家的合作,教练可以为运动员制定个性化的饮食方案,确保他们在训练和比赛期间能够保持最佳的身体状态,这对于提升竞技表现至关重要。

## 二、竞技体育教学目标的层次划分

### (一)初级目标设定

在竞技体育教学中,初级目标的设定至关重要。首先,明确竞技体育教学的基本知识和技能要求是初级阶段的核心任务。这一阶段的教学旨在确保运动员能够掌握必要的基础技术,为其未来的竞技表现奠定坚实的基础。通过系统化的教学,运动员不仅能够理解竞技体育的基本概念,还能在实践中逐步提高自身的技术水平。这一过程需要教师的细致指导和运动员的积极参与,以实现知识与技能的有效传递和吸收。

制定初步的训练计划也是初级目标设定的重要组成部分。此阶段的训练计划应涵盖基本的体能训练和技能练习,帮助运动员逐步适应竞技环境。体能训练主要包括耐力、力量、速度和灵活性的提升,而技能练习则注重技术动作的规范化和熟练度的提高。通过科学合理的训练计划，运动员能够在短时间内适应比赛的节奏和强度，为后续的高级训练做好准备。

在初级目标设定中，通过简单的团队活动，培养运动员之间的沟通能力和合作意识同样重要。这些活动不仅能够增强团队凝聚力，还能帮助运动员在团队中找到自己的角色和价值。团队合作是竞技体育成功的重要因素，良好的沟通和合作能够提高团队的整体表现。因此，通过团队活动奠定团队合作的基础，对于运动员的长远发展具有积极意义。

建立初步的心理素质训练机制是初级目标设定的另一关键环节。心理素质的培养有助于运动员学会应对比赛中的压力和挑战，提高其在竞技场上的表现。初级阶段的心理训练可以通过模拟比赛场景、设定心理挑战任务等方式进行，帮助运动员在心理上做好充分准备。通过这种方式，运动员能够在比赛中保持冷静和专注，从而发挥出最佳水平。

### (二)中级目标设定

制定系统的战术训练计划是中级目标设定的重要组成部分。这一计划的核心在于帮助运动员理解和应用复杂的战术，通过系统化的训练提高他们在比赛中的应变能力。战术训练不仅需要理论上的讲解，更需要实践中的反复演练，以确保运动员能够在实战中灵活运用。通过模拟真实比赛情境，运动员可以更好地掌握战术的精髓，并在实际比赛中做出快速、准确的反应。这种训练方法强调战术的多样性和灵活性，使运动员能够根据不同的比赛情况采取最优策略，从而在竞争中占据优势。

在竞技体育中，心理素质的专项训练同样不可或缺。中级目标设定强调通过模拟比赛环境来提升运动员的抗压能力和心理韧性。心理素质的提升不仅仅依赖于运动员个人的自我调节能力，更需要系统的训练和指导。通过创造高压的比赛情境，运动员可以逐步适应压力，并在压力下保持冷静和专注。这种训练有助于运动员在关键时刻发挥出最佳状态，避免因心理波动而导致的失误。心理素质的提升是运动员全面发展的重要一环，直接影响其竞技水平的提高。

引入数据分析工具对运动员的表现进行量化评估，是现代竞技体育训练中的一项重要策略。通过数据分析，教练和运动员可以更清晰地识别出运动员的优劣势，从而制定个性化的发展策略。数据分析不仅有助于发现运动员在技术和战术上的不足，还能通过对比分析，帮助运动员了解自身的进步与不足。量化评估为制定科学的训练计划提供了坚实的基础，使训练更加有的放矢，提升训练的效率和效果。这种方法的应用,标志着竞技体育训练的科学化和精准化。

组织定期的竞技交流活动,是提升运动员整体竞技水平的重要手段。通过交流活动,运动员之间可以分享经验,互相学习,取长补短。这种互动不仅有助于运动员开拓视野,了解不同的训练和比赛方法,还能激发他们的竞争意识和学习热情。交流活动可以采取多种形式,如比赛、研讨会、讲座等,通过多样化的活动形式,运动员可以在轻松的氛围中学习与成长。这样的交流不仅提升了个人能力,也促进了团队的协作与进步。

### (三)高级目标设定

在竞技体育教学中,高级目标设定尤为重要,它不仅关乎运动员的当前竞技表现,还影响其长远职业发展。首先,制定个性化的心理素质提升方案是高级目标设定的核心内容之一。通过这样的方案,帮助运动员在高压环境中保持冷静与专注,能够有效提升他们在比赛中的表现。心理素质的提升不仅依赖于日常训练中的磨炼,还需要专业的心理辅导和科学的方法指导。因此,心理素质的培养应当成为竞技体育教学中的重点。

引入高水平的教练与专家进行定期指导,是确保运动员在技术和战术上不断进步的重要途径。高水平教练的经验和专业知识能够为运动员提供更为全面的技术指导,帮助他们在技战术上达到更高的竞技水平。此外,专家的参与还可以为运动员提供在训练和比赛中遇到的技术难题的解决方案,使他们在不断的挑战中成长。这样的指导机制不仅提升了运动员的竞技能力,也为他们提供了一个学习和发展的平台。

利用虚拟现实技术进行战术演练是现代竞技体育教学中的一项创新举措。通过模拟真实的比赛场景,运动员可以在安全的环境中练习应对复杂局面的能力。这种技术的运用,不仅提高了运动员的战术意识,还增强了他们在比赛中应对突发事件的能力。虚拟现实技术的引入,丰富了教学手段,为运动员提供了更为逼真的训练体验,有助于提升整体竞技水平。

建立长效的运动员职业发展规划,是高级目标设定中不可或缺的一部分。运动员在竞技生涯结束后,如何顺利过渡到其他职业领域,是一个需要提前规划的重要课题。通过职业发展规划,运动员可以在退役后继续发挥其在体育领域积累的经验和能力,找到适合自己的新角色。这不仅有助于运动员的个人发展,也为体育行业输送了更多的专业人才。

## 三、竞技体育教学的具体任务

### (一)制定训练计划

在竞技体育教学中,制定训练计划是确保运动员能够在比赛中发挥最佳水平的重要环节。训练计划的制定需要充分考虑运动员的个体差异,针对不同运动员的身体素质、技术水平和心理状态,制定个性化的训练计划。这种个性化的计划不仅能满足不同运动员的需求和目标,还能激发他们的潜力,促进其全面发展。通过科学的方法,教练可以为每位运动员设定明确的短期和长期目标,使他们在训练过程中逐步提升竞技水平。

设定明确的训练目标是制定训练计划的核心。短期目标可以帮助运动员在日常训练中保持专注,逐步实现小的突破,而长期目标则为运动员提供了一个清晰的方向和动力,推动他们不断前进。结合科学的训练周期安排,教练需要合理规划训练的强度和频率,以确保运动员在不同阶段都能获得最佳的训练效果。这样的规划不仅能防止运动员因过度训练而导致的疲劳和伤病,还能帮助他们在关键比赛前达到最佳状态。

在训练过程中,定期评估和调整训练计划是必不可少的。根据运动员的进展和反馈,教练需要灵活应对训练中的变化与挑战。这种动态调整的能力,能够帮助运动员在面对不确定因素时,保持良好的竞技状态。此外,整合多种训练方法与技术,如力量、耐力、灵敏度训练,是提高运动员整体竞技能力的重要手段。通过形成全面的训练体系,运动员不仅能在特定项目中取得进步,还能在整体上提升其竞技水平,增强其在比赛中的竞争力。

### (二)组织比赛活动

组织比赛活动在竞技体育教学中具有重要的地位。比赛不仅是检验训练成果的途径,更是提升运动员实战经验和竞技状态的有效手段。定期的内部比赛可以在不对外开放的环境中进行,这种比赛形式为运动员提供了一个展示自我和检验训练效果的平台。通过内部比赛,运动员可以在实际对抗中发现自身的优势和不足,从而在后续训练中进行针对性的调整和提高。同时,团队之间的良性竞争也能激发运动员的斗志,增强团队凝聚力,为今后的外部比赛奠定坚实的基础。

在组织比赛活动时,制定合理的比赛规则与评分标准是确保比赛公平性与透明度的关键。清晰的规则和客观的评分标准能够提升运动员的参与感与认可度，使他们在比赛中全力以赴，发挥出最佳水平。此外，规则的制定还需要考虑运动员的安全与比赛的观赏性，以保证比赛的顺利进行和观众的良好体验。通过严格的规则执行，运动员不仅能提高自身的竞技水平，还能培养良好的体育道德和团队精神。

为了增强运动员的参与兴趣和竞技多样性，引入多样化的比赛形式是必不可少的。团体赛、个人赛和混合赛等多种比赛形式可以根据运动员的特点和团队的需求进行选择和组合。这种多样化的比赛形式，不仅能激发运动员的参与热情，还能让他们在不同的比赛环境中锻炼多方面的能力。通过不同形式的比赛，运动员可以在不断变化的比赛情境中提高应变能力和心理素质，为其全面发展打下良好基础。

比赛活动的总结与反馈是帮助运动员识别自身在比赛中的优势与不足的重要环节。通过对比赛过程的回顾和分析，教练可以指导运动员认识到自身的技术短板和战术失误，并提出改进建议。这种反馈机制不仅能促进运动员在后续训练中的改进，还能增强其自我反思和学习能力。通过不断的总结与改进，运动员可以在每一次比赛中积累经验，为未来的比赛做好充分准备。

### (三)评估运动表现

评估运动表现是竞技体育教学中的核心任务。建立一个全面的运动表现评估指标体系是至关重要的，这个体系应涵盖技术、战术、体能和心理等多个维度，以全面反映运动员的竞技状态。通过这样的评估体系，教练和运动员可以获得关于运动表现的详细反馈，从而为训练和比赛的策略调整提供科学依据。技术评估可以通过分析运动员在实战中的技术动作和技术运用的有效性来进行；战术评估则关注运动员在比赛中战术意识的体现和执行效果；体能评估需要对运动员的耐力、力量、速度等进行全面测试；心理评估则聚焦于运动员的心理素质和比赛心理状态。

在评估过程中，采用定量与定性相结合的方法是十分必要的。通过视频分析、数据统计等手段，能够客观地评估运动员在训练和比赛中的表现。视频分析可以帮助教练和运动员识别技术动作中的细节问题，而数据统计则提供了运动员各项能力的量化指标。这种结合的方法不仅提高了评估的客观性和准确性，还为运动员的表现提供了多维度的分析视角，使得评估结果更具参考价值。

定期进行运动员自我评估是提升运动员自我认知和改进意识的重要手段。

通过自我评估，运动员能够对自己的表现进行反思，识别出自身的优势和不足之处。这种自我反思的过程有助于运动员在心理上对自己的竞技状态有更清晰的认识，并在此基础上制定切实可行的改进计划。同时，自我评估也鼓励运动员在训练中更加主动地进行自我调整和优化。

引入同行评估机制，通过教练和队友的反馈，能够帮助运动员识别自身的优势和改进点，促进团队内的相互学习。同行评估不仅丰富了评估的视角，还增强了团队的凝聚力和协作精神。教练的反馈通常能够从专业的角度指出运动员需要改进的地方，而队友的反馈则可以提供更加贴近实际比赛的建议。这种相互学习和反馈的机制，有助于运动员在集体中成长，并提升整体的竞技水平。

## 四、竞技体育教学任务的实施策略

### （一）个性化教学方法

在竞技体育教学中，个性化教学方法的应用至关重要。通过根据运动员的个体特点和需求制定个性化的训练计划，可以确保每位运动员都能在适合自己的节奏中进步。这种方法不仅关注运动员的身体素质，还考虑到他们的心理状态和个性特征，从而在训练中实现因材施教的目标。通过细致的观察和分析，教练可以为每位运动员量身定制训练方案，使他们在身体素质和竞技能力上都能得到最大化的发展。

利用运动员的生理数据和心理状态，调整训练内容和强度是个性化教学方法的核心。生理数据如心率、肌肉疲劳程度等可以帮助教练评估运动员的身体状况，从而科学地安排训练负荷，避免过度训练或训练不足。同时，运动员的心理状态也是影响训练效果的重要因素。通过与运动员的沟通，了解他们的心理变化，教练可以在训练中提供必要的心理支持，帮助运动员保持积极的训练态度和良好的竞技状态。

通过定期的沟通与反馈，教练能够深入了解运动员的感受和需求，及时调整教学策略。这种双向互动不仅可以提升运动员的参与感和积极性，还能增强他们对训练计划的信任和依赖。运动员在参与训练的过程中，若能感受到自己的意见被重视，他们将更愿意投入到训练中，积极配合教练的指导，从而提高训练效果。

引入多样化的训练方法和工具是提高训练趣味性和效果的有效途径。不同的运动员在学习风格和适应能力上存在差异,传统的训练方法可能无法满足所有运动员的需求。因此,教练可以通过创新训练方式,如游戏化训练、虚拟现实技术等,激发运动员的兴趣,使他们在轻松愉悦的氛围中提高竞技水平。此外,多样化的训练工具也有助于增强训练的互动性和挑战性。

### (二)科学化训练手段

在现代竞技体育教学中,科学化训练手段的应用至关重要。科学化训练不仅提升了训练的效率,还为运动员的长远发展奠定了基础。采用生物力学分析技术,可以精确评估运动员在训练和比赛中的动作效率。通过分析运动员的技术动作,教练可以识别出动作中的不足之处,并采取针对性的优化措施。这种方法不仅提升了运动员的竞技表现,还有效减少了因技术动作不当而导致的受伤风险。生物力学的应用,为竞技体育教学提供了科学的基础,帮助教练和运动员更好地理解和改进运动技术。

结合运动生理学原理制定训练方案,是科学化训练的另一关键策略。运动生理学为教练提供了关于运动员生理状态的深刻见解,使训练计划能够更好地适应运动员的个体差异。通过监测运动员的生理指标,教练可以确保训练强度与运动员的恢复能力相匹配。这种个性化的训练方案,不仅提高了训练的有效性,还可以最大限度地减少运动员的疲劳和伤病风险。运动生理学的应用,使得竞技体育教学更加科学和人性化。

数据分析软件的运用,极大地改变了传统的训练监控方式。通过实时监测运动员的训练数据,教练能够迅速获取运动员的状态信息,并根据这些数据及时调整训练计划。这种实时反馈机制,使得训练更具针对性和灵活性。数据分析不仅帮助教练做出科学决策,还为运动员提供了自我评估的工具,使他们能够更好地理解自身的训练进展和不足之处。数据分析技术的引入,使得竞技体育教学更加精确和高效。

心理训练工具的引入,是提升运动员心理素质的有效手段。通过心理素质评估,教练可以了解运动员的心理状态,并针对性地进行心理训练。模拟比赛环境的训练方法,让运动员在接近真实的比赛情境中锻炼心理适应能力,从而在正式比赛中表现得更加自如。心理训练不仅提升了运动员的比赛表现,还增强了他们在面对压力时的应对能力。心理训练工具的应用,为竞技体育教学提供了重要的心理支持。

### (三)动态化调整策略

动态化调整策略在竞技体育教学中扮演着至关重要的角色。为确保训练计划的针对性和有效性,教练需要根据运动员的实时表现数据,及时调整训练内容和强度。这样做不仅能更好地适应运动员的身体状态,还能满足其心理需求。通过对运动员在不同训练阶段的进展进行评估,教练能够灵活调整目标和策略。这种灵活性是确保运动员在训练中始终保持最佳状态的关键。

定期进行团队反馈会议是动态化调整策略的另一重要组成部分。在这些会议中,教练和运动员共同探讨训练和比赛的意见,这种互动有助于促进训练计划的动态优化。运动员的反馈能够为教练提供宝贵的第一手信息,使其能够更好地理解运动员的需求和挑战。这种开放的沟通渠道不仅增强了团队的凝聚力,也提高了训练的效率和效果。

利用先进的科技手段也是动态化调整策略的重要方面。通过可穿戴设备等技术,教练可以实时监测运动员的生理指标。这些数据为教练提供了更为全面的运动员状态信息,使其能够及时调整训练方案,避免过度训练的风险。这种科技的应用不仅提高了训练的科学性,也为运动员的健康提供了更好的保障。

## 第二节 竞技体育教学的方法与手段

### 一、技术动作教学方法

#### (一)分解动作教学

在竞技体育教学中,分解动作教学是一种有效的技术动作教学方法。通过将复杂的技术动作分解为多个简单的步骤,运动员能够逐步掌握每个环节。这种方法不仅有助于降低学习难度,还能帮助运动员更好地理解动作的内在逻辑和结构。分解动作教学的核心在于将一个完整的技术动作拆解成若干个小步骤,逐步进行教学和练习,这样运动员可以在掌握每个小步骤的基础上,再将其整合为一个完整的动作。

为了提高分解动作教学的效果,示范与讲解是不可或缺的环节。通过教师的亲身示范,运动员可以直观地观察到每个动作的要领和目的,从而在心中形成一个清晰的动作图像。随后,教师通过详细的讲解,进一步帮助运动员理解每个动作的技术要求和实现目的。这种教学方式不仅能增强运动员的学习效果,还能提高他们对技术动作的理解和掌握能力。

在现代竞技体育教学中,视频分析工具的使用也为分解动作教学提供了新的可能。通过回放运动员的技术动作,教师可以识别并纠正动作中的错误。这种方法不仅能让运动员直观地看到自己的动作表现,还能帮助他们认识到自身的不足之处,从而在后续的训练中进行有针对性的改进。视频分析工具的应用,为分解动作教学提供了更加科学和高效的手段。

结合实际训练进行针对性的练习,是分解动作教学的关键环节之一。在教学过程中,教师需要根据运动员的实际情况,设计出符合其能力水平的练习内容。通过不断的重复和强化训练,运动员能够在分解动作中巩固技能。这种方法不仅能帮助运动员提高技术水平,还能增强他们的自信心和成就感。

### (二)动作示范与纠正

动作示范与纠正在竞技体育教学中扮演着关键角色。通过示范,教练能够直观地展示技术动作的正确姿势和节奏,使运动员更容易理解和模仿。这种直观的教学方法不仅有助于运动员对技术动作的快速掌握,还能在学习初期帮助他们建立正确的动作概念。教练在示范过程中,应着重强调动作的关键点和注意事项,以确保运动员在模仿时能够抓住动作的精髓,避免形成错误的动作习惯。

在动作纠正过程中,教练的反馈至关重要。具体的反馈可以帮助运动员清楚地了解自己在技术动作中的不足之处,从而进行针对性改进。教练需要具备敏锐的观察力和专业的分析能力,能够迅速识别运动员动作中的问题,并提供可行的改进建议。这样的反馈不仅能够提高运动员的技术水平,还能增强他们的自信心和学习动力。在纠正过程中,教练应注重与运动员的沟通,确保他们理解反馈的内容并能够有效应用。

现代科技的发展为动作示范与纠正提供了更多的手段。利用视频回放技术,运动员可以观察自己的动作表现,从而更清晰地认识到自身的错误并进行自我纠正。这种技术手段不仅提高了教学的效率,还使运动员能够在训练后进行自主学习和反思。视频回放的应用,使得运动员能够以客观的视角审视自己的表现,进而在教练的指导下进行有针对性的改进和提高。

定期进行动作纠正训练是保证运动员技术水平稳步提升的重要措施。在不同阶段的训练中,教练应根据运动员的进步情况和存在的问题,制定相应的纠正计划。通过持续的纠正训练,运动员能够及时调整和巩固技术动作,提高整体竞技水平。这种系统化的训练方式,不仅能够帮助运动员在短期内取得进步,更能为他们的长期发展奠定坚实的基础。

### (三)动作记忆与巩固

动作记忆与巩固是竞技体育教学中的关键环节,直接影响运动员在比赛中的表现。采用重复练习法是其中一种有效的方式,通过反复训练,运动员能够加深对技术动作的记忆。这种方法强调在不断的重复中实现动作的自动化,使运动员在比赛中能够自然而然地运用所学技术动作,而无需过多思考。这种自动化的实现不仅提高了动作的效率,也为运动员在高压环境下的稳定发挥提供了保障。

引入联想记忆策略是另一种有助于动作记忆与巩固的方法。通过将技术动作与运动员已有的知识或经验相结合,运动员可以更快地理解和掌握新动作。这种策略利用了大脑的联想能力,将新信息与熟悉的概念关联起来,形成更为稳固的记忆痕迹。此方法不仅能提高学习效率,还能增强运动员对新动作的理解深度,使其在复杂的比赛情境中更具应变能力。

情境模拟训练在动作记忆与巩固中也扮演着重要角色。通过创造比赛环境,运动员可以在真实场景中反复练习技术动作,从而增强记忆的持久性和有效性。情境模拟不仅让运动员更好地适应比赛压力,还能帮助他们在训练中发现和纠正技术动作的不足之处,提升整体竞技水平。这种训练方法强调实践与理论的结合,促进了运动员的全面发展。

通过设置阶段性目标,可以有效激励运动员在每个训练周期内不断巩固和提升技术动作。阶段性目标的设定,使运动员在实现一个个小目标的过程中,逐步建立自信心和成就感。这种激励机制不仅提高了训练的积极性,也为长期的技术提升提供了动力支持。运动员在目标导向的训练中,能够更清晰地看到自己的进步,增强对技术动作的信心。

## 二、战术训练方法

### (一)战术意识培养

在竞技体育教学中,战术意识的培养是提升运动员综合能力的关键环节。战术意识不仅仅是一种思维模式,更是运动员在比赛中进行快速决策的基础。通过模拟比赛情境,运动员可以在接近实战的环境中感受战术变化的复杂性和多样性。这种训练方式能够有效增强运动员对战术变化的敏感性,使其在面对不同的比赛策略时能够快速识别并适应。模拟比赛不仅考验运动员的身体素质,更是对其心理素质和战术理解能力的全面检验。

战术讨论与分析活动是战术意识培养的另一个重要手段。在这种活动中,运动员被鼓励分享个人见解,这不仅有助于培养其对战术决策的思考能力,还能增强团队协作意识。通过集体讨论,运动员可以从不同的视角理解战术的应用,进而提高其在实际比赛中作出合理判断的能力。这样的互动过程也促进了团队内部的沟通与信任,为日后比赛中的默契配合打下了坚实的基础。

视频回放技术在战术意识培养中同样扮演着重要角色。通过分析经典比赛中的战术运用,运动员可以直观地理解战术执行的细节和应变能力的要求。视频回放不仅提供了一个反思和学习的机会,还能帮助运动员识别自身在战术执行中的不足之处。通过观看和分析高水平比赛,运动员能够不断提升其战术素养,并在训练中有针对性地进行改进。

设计针对性的战术演练是战术意识培养的核心实践环节。在这种训练中,运动员通过反复实践,能够在实战中增强其战术意识和决策能力。针对性的演练不仅提高了运动员的战术执行能力,还能帮助其在高压环境中保持冷静和果断。通过不断的实战演练,运动员能够在比赛中更加自如地应对各种战术挑战,提升整体比赛水平。

小组合作训练是培养运动员团队协作能力的重要手段。在这种训练中,运动员需要在团队中识别战术机会与风险,这不仅增强了其个人的战术意识,也提高了整体战术协同效果。通过小组合作,运动员能够更好地理解团队战术的整体布局,并在比赛中有效地执行战术计划。

### (二)战术演练与实战

在竞技体育教学中,战术演练与实战是提升运动员战术水平的关键环节。设计多样化的战术演练,通过模拟不同的比赛情境,使运动员能够在实战中灵活运用所学战术,进而提高其应变能力。多样化的战术演练不仅丰富了训练内容,也使运动员能够在不同的比赛情境下进行有效的战术选择和调整,从而在复杂多变的比赛环境中始终保持竞争力。

定期组织模拟比赛是增强运动员在高压环境下战术执行能力的重要手段。通过模拟比赛,运动员能够体验到比赛中的压力,这有助于提升其临场决策水平。

在模拟比赛中,运动员不仅需要运用训练中掌握的战术,还需根据对手的变化做出快速反应和调整,这种能力的培养对于实际比赛至关重要。模拟比赛提供了一个安全的环境,让运动员在高压下不断磨炼和提升自己的战术执行能力。

跨项目的战术交流活动为运动员提供了拓宽战术视野和应用能力的机会。通过与其他项目运动员的交流,运动员可以借鉴不同项目的战术思维,丰富自己的战术储备。这种跨项目的交流不仅促进了不同项目之间的理解和合作,也为运动员提供了新的战术灵感和策略,使其能够在自己的项目中进行创新和突破。

录像分析技术在战术演练和实战中的应用,为运动员提供了一个回顾和反思的机会。通过观看录像,运动员可以识别出战术执行中的优缺点,从而有针对性地进行调整和改进。录像分析不仅帮助运动员提高战术执行的精准度,也为教练提供了有价值的反馈信息,以便在后续训练中进行更有针对性的指导和调整。

### (三)战术分析与反馈

战术分析与反馈在竞技体育教学中扮演着至关重要的角色。建立系统的战术分析框架是提升运动员战术执行能力的基础。通过对比赛录像的细致分析,教练和运动员能够识别出在战术执行中的成功与不足之处。细致的录像分析不仅帮助运动员回顾比赛中的关键时刻,还能揭示出在实际对抗中容易被忽视的细节。这种分析过程要求教练具备敏锐的观察力和深厚的战术知识,以便在复杂的比赛情境中提炼出有价值的信息。

利用数据分析工具对运动员的战术表现进行量化评估,是现代竞技体育中不可或缺的一环。数据分析工具能够将运动员在比赛中的表现转化为具体的数值指标,帮助运动员理解其战术选择的有效性与影响。通过量化的数据,运动员可以直观地看到自己在比赛中的表现,识别出需要改进的领域。这种量化评估不仅增强了运动员对自身能力的认知,也为教练提供了制定训练计划的科学依据。

组织战术反馈会议是促进团队对战术执行的共同理解与改进的重要手段。在这些会议中,运动员被鼓励分享个人经验与感受,形成多元化的战术视角。通过集体讨论,团队成员可以相互学习,借鉴彼此的成功经验,并在交流中发现潜在的问题。战术反馈会议不仅是信息交流的平台,也是团队凝聚力的体现,有助于建立开放、信任的团队氛围。

制定个性化的战术改进计划是针对每位运动员在战术执行中的具体问题提供针对性指导与支持的关键。每位运动员在比赛中的表现和理解能力各不相同,因此需要量身定制的改进计划。教练需要结合运动员的特点和比赛需求,提供具体的指导和技术支持,帮助他们在战术执行中发挥最佳水平。个性化的改进计划不仅提高了训练的有效性,也增强了运动员的自信心和专注度。

## 三、竞赛模拟训练方法

### (一)模拟比赛环境

模拟比赛环境是竞技体育教学中极为重要的一环。通过精心构建接近真实比赛的场景,教师可以有效提高运动员在赛场上的适应能力。这种模拟不仅涉及比赛场地和器材的选择,还包括严格遵循比赛规则,以确保运动员在训练中能够体验到比赛的真实感。通过这种方式,运动员不仅可以在技术和战术上得到提升,还能在心理上做好充分准备,从而在正式比赛中表现得更加自信和从容。

在模拟比赛环境中,运动员有机会熟悉比赛的节奏和氛围,这是提高其比赛应对能力的关键。通过这种训练,运动员能够在压力环境中锻炼自己的心理素质,增强应对比赛压力的能力。此外,模拟比赛还提供了一个安全的环境,让运动员可以在不影响正式比赛成绩的情况下,尝试新的技术和战术。这种训练方式也有助于运动员在比赛中更加灵活地应对突发情况,提高整体比赛表现。

利用视频回放技术是模拟比赛训练中的重要手段之一。通过回放比赛录像,运动员可以详细分析自己的比赛表现,识别技术和战术上的不足。这种自我分析的过程不仅能帮助运动员明确需要改进的领域,还能促使他们在后续的训练中更有针对性地进行调整和提高。此外,教练员也可以通过视频分析提供更为细致的指导,从而帮助运动员更快地提升比赛能力。

在模拟比赛中设置不同的战术情境,是提升运动员应变能力和战术执行力的有效方法。通过不断变化的比赛情境,运动员能够在训练中锻炼快速反应和灵活调整战术的能力。这种训练方式不仅能提高运动员的战术水平,还能增强其在比赛中应对多变局势的信心和能力。通过模拟多种战术情境,运动员可以在训练中积累丰富的比赛经验,从而在正式比赛中更好地发挥自己的潜力。

### (二)赛前心理准备

赛前心理准备是竞技体育教学中至关重要的环节,它不仅能够帮助运动员建立积极的心态,还可以增强他们的自信心和比赛信念。通过科学的心理准备,运动员能够更好地应对比赛中的各种压力和挑战。制定个性化的心理准备方案是赛前心理准备的核心。针对不同运动员的需求，教练可以设计包括放松训练、可视化技术和集中注意力的练习。这些方法不仅能够帮助运动员在心理上做好充分准备，还能提升他们在比赛中的表现。放松训练可以缓解紧张情绪，而可视化技术则通过在脑海中模拟比赛过程，帮助运动员熟悉比赛情境，增强心理适应性。

心理调节技巧在赛前心理准备中同样扮演着重要角色。深呼吸和正念冥想等方法能够有效缓解赛前焦虑，帮助运动员保持心理平衡。深呼吸训练通过调节呼吸频率和深度，使运动员的身心状态达到最佳；而正念冥想则通过专注于当下，减少对结果的过度担忧，提升运动员的专注力和心理稳定性。此外，赛前模拟演练也是一种行之有效的方法。通过模拟真实的比赛场景，运动员可以提升应对能力，增强心理适应性和抗压能力。这种演练不仅可以提高运动员的临场反应速度，还能帮助他们更好地应对比赛中的突发状况。

团队心理建设活动在赛前心理准备中也不可忽视。通过增强运动员之间的信任与支持，可以提升团队整体的心理状态和凝聚力。团队活动如心理拓展训练和团队沟通活动，能够促进队员之间的相互理解和协作。这样的活动不仅有助于个体心理状态的改善，还能增强整个团队的凝聚力，使他们在比赛中表现出更强的战斗力和协作能力。

### （三）赛后总结与反思

赛后总结与反思在竞技体育教学中扮演着至关重要的角色。这一过程不仅帮助运动员识别比赛中的成功与不足，还促进了他们的个人成长与发展。通过对比赛的全面回顾，运动员能够清晰地看到自身的表现亮点和需要改进的地方。这种自我评估的过程，有助于运动员在未来的比赛中更好地发挥自己的潜力。

通过赛后反思，运动员可以深入分析自己在比赛中的心理状态，识别出比赛中可能存在的压力源。这种分析不仅有助于运动员在未来的比赛中更好地管理自己的情绪和状态，还能帮助他们制定更为有效的应对策略。通过这种自我反思和分析，运动员能够在心理层面上为未来的比赛做好更充分的准备。

在总结比赛中的战术执行情况时，运动员可以更好地理解战术选择的有效性与改进空间。通过对比赛中战术执行的细致分析，运动员和教练可以识别出哪些战术选择是成功的，哪些方面需要进一步调整和优化。这种战术层面的总结，不仅提升了运动员的战术理解能力，也为未来的训练和比赛提供了宝贵的指导。

鼓励运动员分享彼此的赛后体验，是增强团队凝聚力与相互支持的重要手段。通过分享个人的赛后反思和经验，运动员之间可以相互学习，借鉴彼此的成功经验和教训。这种交流不仅有助于提升团队整体的竞技水平,也在心理层面上增强了团队的凝聚力和归属感。

## 四、多媒体辅助教学手段

### (一)视频分析与反馈

视频分析技术的应用为运动技能教学提供了一个全新的视角,帮助教练和运动员直观地了解技术动作的细节。通过对视频的分析,运动员能够看到自己在比赛或训练中的实际表现,与理想的技术动作进行对比,这种直接的视觉反馈能够有效地促进学习和改进。此外,教练可以通过视频分析发现运动员在技术动作中的细微错误,从而提供更为精准的指导。

通过视频反馈,运动员不仅能够自我观察,还能识别出技术动作中的错误,进而进行针对性改进。这种自我观察的过程能够提高运动员的自我认知能力,培养他们的自主学习意识。在传统教学中,教练的口头反馈有时难以让运动员完全理解动作的缺陷,而视频反馈则以其直观性和准确性弥补了这一不足,使得运动员在技术学习上事半功倍。

利用视频分析工具进行战术执行的回顾,也是一种重要的教学手段。通过回顾比赛录像,运动员能够更好地理解自己在比赛中战术选择的有效性与不足之处。教练可以通过视频分析指出运动员在比赛中战术执行的优缺点,并结合实际情况进行战术调整。这种方法不仅提升了运动员的战术理解能力,也增强了他们在比赛中灵活应变的能力。

视频分析在团队训练中的应用同样重要,它能够促进运动员之间的交流与学习,增强团队协作能力。在团队项目中,运动员通过观看视频能够更好地理解彼此的动作和配合,从而提高整体的协作水平。同时,视频分析也为团队的战术制定提供了重要的数据支持,使得团队在比赛中能够更加精准地执行战术。

### (二)虚拟现实训练

虚拟现实训练在竞技体育教学中扮演着日益重要的角色。它能够提供沉浸式的训练环境,使运动员在高度仿真的场景中进行技能练习和战术演练。这种训练方式不仅提升了训练的真实感,还能有效帮助运动员在心理和身体上做好准备,以应对实际比赛中的复杂情况。通过虚拟现实技术,运动员可以体验到逼真的比赛情境,这种沉浸式体验有助于提高他们在高压环境下的应对能力和快速决策能力,从而在比赛中表现得更加出色。

在安全性方面,虚拟现实训练具有显著优势。运动员能够在虚拟环境中模拟高强度比赛情境,避免了实际训练中可能出现的身体伤害风险。这种安全的训练环境不仅保护了运动员,还使他们能够更加专注于技术和战术的提升。此外,虚拟现实训练的灵活性使其可以应用于多种运动项目。教练和运动员可以根据不同的技术动作进行个性化设计,以满足运动员的特定训练需求,从而实现更高效的训练目标。

虚拟现实技术的一个关键优势在于其反馈机制。通过实时数据分析,运动员可以获取自身表现的详细数据,这些数据包括技术动作的准确性、战术执行的效果等。这样的反馈有助于运动员和教练识别训练中的不足之处,并迅速进行调整和改进。这种即时反馈机制不仅加快了技术和战术的进步,也增强了运动员的自信心,促使他们在训练中更加努力。

### (三)数据跟踪与评估

在现代竞技体育中,数据跟踪与评估已成为提高训练效率和比赛成绩的重要手段。通过先进的数据跟踪技术,教练团队能够实时监测运动员的生理和心理状态。这种实时监测不仅包括心率、血氧饱和度等生理指标,还涵盖情绪、专注度等心理状态。通过精准的数据分析,教练可以更科学地制定训练计划,确保每位运动员都能在最佳状态下进行训练和比赛。这种科学训练决策的支持,极大地提升了训练的针对性和有效性。

利用数据分析工具对运动员的表现进行量化评估是另一个关键步骤。通过对训练和比赛中收集的数据进行分析,教练团队能够深入了解每位运动员的优缺点。这些数据不仅包括速度、力量、耐力等身体素质指标,还涵盖技术动作的准确性和战术执行的有效性。基于这些评估结果,教练可以为每位运动员制定个性化的训练计划,针对性地提升其不足之处,并进一步强化其优势,确保训练的精细化和个性化。

建立运动员数据档案系统是数据管理的一项重要措施。通过系统化管理运动员的训练数据、比赛记录和身体指标,教练团队可以长期跟踪运动员的发展。这种数据档案不仅为运动员的长期发展提供了丰富的信息支持,还为教练在制定训练计划时提供了历史数据的参考。通过对比分析不同阶段的数据,教练可以更准确地评估运动员的进步情况,并及时调整训练策略,以确保运动员的持续发展。

数据可视化技术的应用,使得复杂的数据分析结果可以通过图表形式直观地展示给教练和运动员。通过数据的可视化,教练和运动员可以快速理解和分析训练和比赛中的表现。这种直观的展示方式,不仅提高了数据分析的效率,还增强了教练与运动员之间的沟通和理解。

## 第三节 竞技体育教学的组织与管理

### 一、竞技体育教学的组织结构设计

#### (一)组织层级划分

在竞技体育教学中,合理的组织层级划分是确保教学活动高效运行的关键。竞技体育教学组织的管理层级通常包括教练组、运动员和支持团队。教练组负责制定训练计划和指导运动员,运动员则是教学的核心主体,而支持团队则提供后勤、医疗和心理等方面的保障。这样的层级划分不仅有助于明确各自的职责,还能促进各层级之间的有效沟通与合作,从而提升整体的教学质量和效率。

为了进一步提高教学的科学性和规范性,设立专门的技术委员会是必要的。该委员会的主要职责包括制定和监督教学和训练的标准与规范,确保教学质量的持续提升。技术委员会的成员通常由经验丰富的教练员和专家组成,他们通过对教学模式和训练方法的研究,为一线教练提供指导意见和改进建议,从而推动整个教学体系的不断进步。

建立运动员发展小组是关注运动员个性化需求与成长的重要措施。运动员发展小组的职责是根据每位运动员的特点和发展阶段,提供针对性的支持和资源。这种个性化的关注不仅能够帮助运动员在技术上取得突破,还能在心理和生理上给予全面的支持,促进运动员的全面发展。

引入绩效评估机制是提升教学效率的有效手段。通过定期评估各层级的工作效果,可以及时发现问题并进行调整。绩效评估不仅关注结果,还重视过程,通过对教练组、运动员和支持团队的综合评估,及时调整教学策略和管理方法,确保整体教学目标的实现。

### (二)职责分配与协调

竞技体育教学的成功与否,在很大程度上取决于组织结构的合理设计和职责的有效分配与协调。明确教练员的职责是其中的关键一步。教练员在竞技体育教学中扮演着多重角色,他们不仅负责技术指导,还需进行战术培训和心理辅导。通过明确教练员在这些方面的职责,可以确保他们在各自领域内的角色清晰,从而提升运动员的整体素质。教练员需要根据运动员的个体差异制定个性化的训练计划,并通过持续的反馈机制来调整训练策略,以最大化运动员的潜力。

设立运动员管理专员是竞技体育教学组织结构设计中的另一重要环节。运动员管理专员的职责包括运动员的日常管理、训练安排以及心理健康支持。这一角色的设置旨在确保运动员在训练和比赛中的稳定表现。管理专员需要与教练员密切合作,了解运动员的训练动态和心理状态,及时提供必要的支持和调整。这一角色的存在不仅有助于运动员的个体发展,也为整体团队的稳定性和持续性提供了保障。

为了提供全面支持,建立支持团队的协调机制是必不可少的。支持团队通常由营养师、运动医学专家和心理顾问等专业人员组成。这些专业人员之间的信息共享与合作是确保运动员获得全面支持的基础。营养师负责运动员的饮食计划,以确保其营养摄入符合训练需求;运动医学专家提供医学支持,预防和处理运动损伤;心理顾问则关注运动员的心理健康,提供心理辅导和压力管理。

## 二、竞技体育教学的课程安排与时间管理

### (一)课程内容规划

在竞技体育教学中,课程内容规划是确保运动员全面发展的关键环节。课程内容应涵盖竞技体育的基础理论知识,包括运动生理学、运动心理学和运动技能等核心理论。这些理论的掌握不仅有助于运动员在训练中理解自身身体机能的运作方式,还能帮助他们在心理上做好准备,迎接竞技比赛中的各种挑战。通过建立全面的知识体系,运动员能够更好地应对训练与比赛中的各种情况,从而提升整体竞技水平。

针对不同运动项目的专项训练课程设计至关重要。每个运动项目都有其独特的技术要求和战术策略,因此课程需要根据这些特性进行量身定制。专项训练

课程应包括技术、战术和体能等方面的系统训练,确保运动员能够在各个方面得到全面提升。通过这样的课程安排,运动员不仅能够提高自身的竞技能力,还能在比赛中灵活运用所学的技术和战术,从而取得更好的成绩。

为了帮助运动员及时了解自身进展与不足,课程安排中应包括定期的评估与反馈环节。这些环节可以通过测试、比赛模拟和教练评估等方式进行,帮助运动员识别出训练中的问题,并根据反馈调整训练策略。这种动态调整的方式,不仅能够提高训练的有效性,还能增强运动员的自我反省能力,使其在未来的训练中更加主动和高效。

### (二)时间分配策略

竞技体育教学中的时间分配策略在很大程度上影响着运动员的成长与发展。合理的时间分配策略不仅能帮助运动员在技能提升与知识掌握之间取得平衡,还能有效避免训练中的常见问题。在时间分配中,训练与理论学习的时间安排尤为重要。通过合理配置训练时间,教练可以确保运动员在体能和技能上得到充分发展,同时也不忽视理论知识的吸收。这种平衡的安排有助于运动员在比赛中运用理论知识指导实践,提高竞技水平。

运动员的生理和心理状态是制定时间分配策略的重要参考因素。教练在安排训练计划时,应密切关注运动员的身体和心理反应,灵活调整训练和休息的时间,以避免过度训练和由此带来的疲劳。过度训练不仅可能导致运动员的身体损伤,还可能影响其心理状态,降低训练效果。因此,教练需要根据运动员的实际情况,制定个性化的训练计划,并在必要时调整训练节奏,以确保运动员的身心健康。

设定固定的评估时间节点是时间分配策略中的关键环节。通过定期检查运动员的进展,教练可以及时了解运动员的训练效果和存在的问题。这种评估不仅可以帮助教练及时调整训练计划和目标,还能为运动员提供反馈,激励其不断进步。评估节点的设定应结合训练周期和比赛需求,确保评估的有效性和针对性,从而为运动员的长期发展提供科学依据。

结合比赛周期科学规划训练强度与频率,是确保运动员在关键比赛前达到最佳状态的有效策略。通过合理安排训练周期,教练可以在比赛前逐步提高训练强度,让运动员在比赛时达到最佳竞技状态。这种规划不仅能提高运动员的表现,还能减少因训练不当而导致的伤病风险。

### (三)课时灵活调整

竞技体育教学中的课时灵活调整是确保训练有效性和安全性的关键策略。根据运动员的训练进度和身体状态,灵活调整课时安排,可以有效避免过度训练导致的疲劳和伤病。训练计划应当动态调整,以适应运动员在不同训练阶段的需求。例如,在训练初期,运动员可能需要更多的时间进行基础体能训练,而在比赛临近时,训练重点则应转向专项技能的提升和战术演练。通过灵活调整课时安排,不仅可以提高训练效率,还能为运动员提供更科学的训练方案。

在比赛前后,课时内容的适时调整同样至关重要。比赛前的训练应侧重于战术演练和心理准备,以帮助运动员达到最佳竞技状态。而比赛后的恢复训练则应注重身体的恢复和心理的放松,帮助运动员尽快从比赛的紧张状态中恢复过来。这样的调整不仅可以提高运动员的竞技表现,还能有效减少伤病的发生率。此外,针对不同比赛的特点,训练内容的调整也应有所不同,以确保运动员能够在比赛中发挥出最佳水平。

外部因素如天气和场地条件对训练的影响也不容忽视。灵活调整训练时间和地点,可以确保训练计划的顺利实施。例如,恶劣天气可能会影响户外训练的进行,此时可以将训练转移至室内场地,或调整训练内容以适应天气变化。场地条件的变化也可能要求对训练计划进行适时调整,以确保运动员能够在安全、适宜的环境中进行训练。这种灵活性不仅能提高训练的安全性,还能提高训练的整体效果。

运动员的心理状态是影响训练效果的重要因素。因此,课时的强度和内容需要根据运动员的心理状态进行适时调整。良好的心理状态能够提高运动员的训练参与度和积极性,从而提高训练效果。在运动员心理压力较大时,可以通过调整训练强度或内容,帮助他们缓解压力,增强自信心。这样的调整能够帮助运动员在训练和比赛中发挥出最佳水平,是竞技体育教学中不可或缺的一部分。

## 三、竞技体育教学的资源配置与利用

### (一)场地设施管理

场地设施管理在竞技体育教学中扮演着至关重要的角色。合理的场地设施管理不仅能够提高训练的效率和安全性,还能为运动员提供良好的训练环境。在管理过程中,场地设施的定期维护与检查是必不可少的。通过定期的维护工作,能够及时发现和修复设施中的潜在问题,确保运动员在安全的环境中进行训练与比赛。这种维护措施不仅减少了事故发生的风险,也延长了设施的使用寿命,提高了资源的利用效率。

在竞技体育教学中,不同的运动项目对场地设施的需求各不相同。因此,根据不同运动项目的需求,合理配置场地设施显得尤为重要。这种针对性的配置能够提升训练的专业性和有效性,使得运动员能够在最适合的环境中进行训练,从而提高竞技水平。此外,合理的设施配置还能够有效节约资源,避免不必要的浪费。

为了更好地管理场地设施的使用,建立场地使用预约系统是一个有效的措施。通过预约系统,可以合理安排训练和比赛时间,避免资源冲突与浪费。这不仅提高了场地的使用效率,也为教练员和运动员提供了便利。预约系统的实施需要综合考虑各运动项目的需求和场地的实际使用情况,以确保资源的最优配置。

## (二)教学器材分配

教学器材在竞技体育教学中扮演着至关重要的角色。教学器材的合理分配是保证教学活动顺利进行的基础。不同运动项目对器材的需求各异,确保这些项目所需器材的全面覆盖和适用性是资源配置的关键。器材的分类与特点分析有助于明确各类器材的功能及其在具体项目中的应用,进而指导器材的采购和使用。例如,田径项目需要的器材与游泳项目截然不同,这就要求在分配时充分考虑到项目的特性和需求,确保每个项目都能获取所需的器材,以支持运动员的训练和比赛。

在竞技体育教学中,制定器材使用规范是确保运动员正确、安全使用各类器材的必要措施。器材使用规范不仅包括器材的操作方法,还涉及安全注意事项和使用后的维护要求。通过系统的培训和严格的监督,运动员可以在训练和比赛中有效规避因器材使用不当而导致的伤害,从而提高训练的安全性和有效性。此外,使用规范的制定也为器材的管理提供了标准,确保器材在使用过程中得到合理的保护和保养。

建立健全的器材管理制度是保证器材性能和安全性的又一重要环节。定期对器材进行维护和更新,不仅能延长器材的使用寿命,还能确保其在使用过程中的稳定性和安全性。器材管理制度应包括定期检查、维修记录、损坏报告和更新计划等内容。通过制度化的管理,可以及时发现和解决器材存在的问题,避免因器材故障而影响训练效果或造成安全隐患。

实施器材的共享机制是提高资源利用效率的重要手段。在竞技体育教学中,合理配置资源、提高器材使用效率是降低成本的有效途径。共享机制的实施可以避免器材的闲置和浪费,使有限的资源发挥最大的效用。在共享机制下,多个项目或团队可以根据实际需求灵活调配器材,充分利用现有资源,减少重复购置的支出,从而实现资源的优化配置。

### (三)人力资源优化

在人力资源优化方面,建立多层次的教练员培训体系至关重要。通过不断提升教练员的专业素养和教学能力,能够更好地适应不同运动员的个性化需求。教练员的培训不仅仅局限于技术技能的提升,还包括心理辅导能力、沟通技巧以及创新思维的培养。这些多维度的能力发展使教练员能够在复杂多变的竞技环境中,灵活应对各种挑战,推动运动员的全面发展。同时,通过科学的培训体系,可以有效地提升教练员的职业满意度和职业发展空间,从而吸引和留住优秀的教练人才。

运动员的职业生涯规划是人力资源优化的另一关键环节。通过提供心理辅导和职业发展支持,可以帮助运动员在竞技生涯后顺利过渡到其他领域。心理辅导不仅有助于运动员在高压环境下保持良好的心理状态,也为他们的职业转型提供情感支持和心理准备。此外,职业发展支持计划可以帮助运动员识别和开发自身的潜在能力,为他们设计个性化的职业路径,以实现长远的职业目标。这样的规划不仅有利于运动员的个人发展,也为体育行业输送了多元化的人才。

引入跨学科的专家团队是提升竞技体育教学质量的重要策略。包括心理学、营养学和运动医学等领域的专业人士的参与,为运动员提供了全面的支持和指导。这种多学科协作的方式,不仅有助于优化运动员的训练效果,还能有效预防和处理运动损伤,提高运动员的健康水平和竞技表现。通过跨学科的合作,教练员和运动员能够更全面地理解和应用科学知识,推动竞技体育教学的创新与发展。

## 四、竞技体育教学的团队协作与沟通

### (一)团队角色分工

在竞技体育教学中,团队角色分工是确保教学活动高效运作的基础。每个团队成员在各自的角色中发挥独特的作用,形成合力以支持运动员的全面发展。教练员在团队中担当技术指导的核心角色。他们不仅负责制定训练计划,还需根据运动员的具体情况调整战术安排,确保每位运动员都能掌握必要的技能与战术。这种技术指导需要教练员具备深厚的专业知识和丰富的实践经验,以便在复杂多变的竞技环境中做出快速而有效的决策。

运动员则是竞技体育教学的中心,他们在训练和比赛中积极参与并执行教练员的战术安排与训练计划。运动员的积极性和执行力直接影响到训练的效果和比赛的成绩。因此,运动员需要具备良好的自律能力和团队意识,以便在高强度的训练和比赛中保持最佳状态。运动员管理专员在此过程中扮演着重要的支持角色,他们负责运动员的日常管理和心理健康支持,确保运动员在身心状态良好的情况下参与训练和比赛。这一角色的设置反映了现代竞技体育教学对运动员全面发展的重视。

技术委员会在团队中负责制定教学标准与规范,监督训练质量与效果。他们的职责包括评估和改进训练方法,确保教学活动符合最新的体育科学研究成果。技术委员会的工作不仅影响到个别运动员的表现,还对整个团队的训练水平和竞争力产生深远的影响。支持团队成员,如营养师和心理顾问,提供专业支持,帮助运动员优化训练效果与恢复过程。他们的专业知识和技能为运动员提供了全面的支持,帮助运动员在激烈的竞争中保持身体和心理的最佳状态。

### (二)沟通渠道建设

有效的沟通渠道建设是竞技体育教学中团队协作的关键环节。通过建立定期的团队会议机制,可以确保教练员与运动员之间的信息共享与反馈。这种机制不仅有助于促进训练计划的动态调整,还能在团队内部形成一种开放的交流文化,使每个成员都能在计划的制定与实施过程中贡献自己的见解。此外,定期的会议还为团队成员提供了一个反思与总结的平台,帮助他们在不断地反馈与调整中提升整体的训练效果。

设立在线沟通平台是现代竞技体育教学中不可或缺的部分。这种平台不仅方便教练员、运动员及支持团队成员随时交流,还能在训练和比赛中及时解决问题。在线平台的使用打破了时间和空间的限制,使得信息传递更加高效和便捷。通过这种即时的沟通方式,团队成员可以在遇到困难时迅速寻求帮助,确保训练与比赛的顺利进行。同时,在线平台的记录功能也为后续的分析与改进提供了数据支持。

制定明确的沟通规范与流程是确保信息传递一致性的基础。通过建立统一的沟通标准，团队成员可以在信息传递中保持一致，避免因个人理解差异导致的误解与信息遗漏。明确的沟通流程不仅提高了信息传递的效率，还能在复杂的训练环境中减少不必要的干扰。规范的沟通流程使得每位成员都清楚自己的角色与责任，从而在团队协作中发挥最大效能。

# 第四节 竞技体育教学的心理训练与调控

## 一、竞技体育中的心理素质培养

### (一)心理素质的核心要素

心理素质在竞技体育中扮演着至关重要的角色。运动员面对高强度的比赛压力和严苛的训练环境，心理韧性成为其持续发展的关键。心理韧性不仅体现在运动员面对失败或挫折时的坚持和恢复能力，还包括他们在比赛中遭遇不利情况时的应变能力。面对这些挑战，运动员能够迅速调整心态，重新聚焦比赛目标，展现出非凡的抗压能力。此外，自我调节能力在心理素质中同样重要。运动员需要在训练和比赛中自主管理情绪和焦虑，保持专注和冷静。通过有效的自我调节，他们能够在比赛中保持最佳状态，避免因情绪波动而影响表现。

自信心是运动员心理素质的另一个核心要素。自信心不仅影响运动员在比赛中的表现，还直接关系到其决策的果断性和准确性。运动员对自身能力的信任程度能够帮助他们在关键时刻做出正确的判断和选择，从而在比赛中占据优势。通过不断的训练和比赛经验积累，运动员可以增强自信心，提升自身的竞技水平。目标设定能力也在心理素质的培养中占据重要位置。运动员需要设定合理的短期和长期目标，这些目标不仅能够激励他们在日常训练中不断进步，还为其提供了明确的方向和动力。通过设定和实现目标，运动员能够不断突破自我，提升竞技水平。

团队协作意识在竞技体育中不可或缺。运动员在团队中需要有效沟通与配合，以增强集体的凝聚力和战斗力。团队协作不仅能够提升整体的竞技水平，还能在比赛中形成合力，克服困难。运动员通过与队友的紧密合作，可以在比赛中发挥出更大的潜力，实现团队目标。团队协作意识的培养需要通过日常训练中的互动和比赛中的实战经验来逐步增强。通过加强心理素质的各个核心要素,运动员不仅能够在竞技体育中取得更好的成绩,还能在个人成长和团队发展中获得长足进步。

### (二)心理素质培养的阶段

在竞技体育中,心理素质的培养是一个循序渐进的过程,涵盖多个阶段。心理素质培养的初级阶段是运动员心理发展的基础。在这一阶段,运动员通过基础心理训练,学习情绪管理与压力应对的基本技巧。这些技巧包括识别和理解自己的情绪反应,以及在面对比赛压力时采取积极的应对策略。通过这些训练,运动员能够建立对自身情绪的初步认知,进而在比赛中保持冷静和专注。初级阶段的训练为运动员后续的心理素质提升奠定了重要基础。

随着运动员心理素质的逐渐提升,他们进入了心理素质培养的中级阶段。在这一阶段,运动员需要加强自我调节能力,提升专注力与自信心。通过具体的心理训练方法,如冥想、正念练习和自我暗示,运动员可以增强比赛中的心理稳定性。这些方法帮助运动员在面对外界干扰时,依然能够保持内心的平静与专注,从而在比赛中发挥出最佳水平。中级阶段的训练旨在提高运动员的心理韧性,使其能够在比赛中自如应对各种挑战。

当运动员的心理素质达到一定水平后,他们将进入心理素质培养的高级阶段。在这一阶段,运动员学习复杂的心理策略,包括目标设定与心理韧性训练。这些策略帮助运动员在高强度比赛环境中保持积极的心态。通过设定明确的比赛目标,运动员能够更好地集中精力,避免分心。同时,心理韧性训练则增强了运动员在面临挫折时的应对能力,使其能够从失败中迅速恢复,继续追求卓越表现。

心理素质培养的团队协作阶段强调团队心理训练的重要性。在这一阶段,运动员通过团队心理训练,增强团队意识,学习如何在团队中有效沟通与协作。团队心理训练不仅提升了个体的心理素质,也增强了团队的凝聚力和战斗力。运动员在团队中学会相互支持与配合,从而在比赛中形成合力,取得更好的成绩。团队协作阶段的训练强调集体心理素质的提升,是实现团队目标的重要保障。

## 二、竞技体育心理训练的基本方法

### (一)认知行为训练

认知行为训练是一种广泛应用于竞技体育中的心理训练方法,通过识别和挑战负面思维模式,帮助运动员重塑自我认知,从而增强自信心。这一方法的核心在于帮助运动员认识到自身思维与情绪的相互作用,并通过积极的认知重构来改变消极的心理状态。运动员在训练过程中,逐步学会如何将负面的自我对话转化为积极的鼓励和支持,从而在比赛中表现得更加自如和自信。

该训练方法还强调自我监控,运动员需要学习如何记录和分析自己的情绪与行为,以便于更好地调节心理状态。通过这种方式,运动员能够对自己的情绪波动有更清晰的认识,从而在赛场上更好地应对各种突发情况。此外,自我监控的过程也为运动员提供了一个反思和自我评估的机会,使他们能够从中总结经验教训,并在未来的训练和比赛中加以改进。

认知行为训练采用情境模拟的方式,帮助运动员在安全环境中练习应对压力和焦虑的策略。这种模拟训练不仅可以提高运动员在比赛时的心理适应能力,还能使他们在面对真实比赛时更加从容。通过情境模拟,运动员可以在压力较小的环境中尝试不同的应对策略,找到最适合自己的方法,从而在实际比赛中表现得更加出色。

通过设定具体的心理目标,认知行为训练能够促进运动员在训练和比赛中保持专注,减少分心和焦虑。设定心理目标不仅有助于运动员明确自己的心理训练方向,还能增强他们的内在动机和自我调节能力。运动员在实现这些目标的过程中,逐渐培养出更强的心理韧性,使他们能够在高强度的竞技环境中保持稳定的表现。

### (二)放松训练技术

放松训练技术在竞技体育中扮演着至关重要的角色。其基本原理强调,通过系统化的放松训练可以有效减轻运动员的焦虑,提升其心理适应能力,从而在比赛中发挥更佳的水平。放松训练的核心在于帮助运动员在高压环境中保持冷静和专注,因此,理解其重要性不仅有助于心理素质的提高,也为运动员的长期发展奠定了基础。

在竞技体育中,常见的放松训练技术包括深呼吸、渐进性肌肉放松和冥想。这些技术通过不同的方式帮助运动员有效缓解压力。深呼吸作为一种简单易行的方法,通过调节呼吸频率和深度,可以快速平复心情。渐进性肌肉放松则通过有意识地收缩和放松肌肉群,帮助运动员识别和解除身体的紧张状态。冥想则通过引导运动员进入一个内心平静的状态,增强其专注力和内在平衡感。

实施放松训练时,需要考虑多个因素以确保其有效性。首先,环境的选择至关重要,应选择一个安静、舒适且不受干扰的场所。其次,时间安排要合理,建议在训练或比赛前后进行,以达到最佳效果。此外,技术指导也不可或缺,专业的指导能够帮助运动员掌握正确的放松技巧,避免误用造成的负面影响。通过科学的步骤,运动员能够在短时间内获得显著的放松效果。

研究表明,放松训练对运动员的生理状态有积极影响。具体而言,放松训练可以有效降低心率,减轻肌肉紧张,促进体能的恢复。这些生理变化不仅有助于提高运动员的比赛表现,还能够减少受伤的风险。长期坚持放松训练的运动员,通常能够在比赛中保持更高的能力水平和更强的耐力。

### (三)自我暗示训练

自我暗示训练在竞技体育中被广泛应用,其基本概念与原理涉及通过积极的自我暗示来提升运动员的自信心和心理韧性。这种训练方法的核心在于利用语言和思维的力量,帮助运动员在心理上建立一种积极向上的信念体系。通过反复的自我暗示,运动员能够在潜意识中植入积极的心理模式,从而在面对压力和挑战时,表现出更强的心理承受能力。自我暗示训练不仅仅是简单的语言重复,更是一种通过自我对话来重塑心理状态的过程,强调积极的心理建设和情感调节。

实施自我暗示训练需要遵循一系列步骤,首先是设定具体的暗示语,这些语句应当是积极、具体且与个人目标相关的。其次,选择适当的时间和环境进行练习也至关重要,通常在运动员放松且专注的状态下进行效果最佳。训练的环境应当安静且不受干扰,以便运动员能够全身心地投入自我暗示的过程中。通过这样的步骤,运动员可以在训练和比赛中有效地应用自我暗示,提高自我调节能力和心理稳定性。

在提高运动员专注力方面,自我暗示训练发挥着重要作用。通过积极的自我暗示,运动员能够在比赛中保持心理稳定与集中注意,这对于提高竞技表现至关重要。专注力的提升不仅有助于运动员在比赛中更好地发挥技能,还能帮助他们更快地适应比赛节奏和应对突发状况。自我暗示训练通过增强运动员的内在动力和信念,使其在关键时刻能够迅速调整心理状态,保持最佳竞技状态。

自我暗示训练通常与其他心理训练方法结合使用,以实现综合心理素质的提升。通过与放松训练、视觉化训练等方法的结合,运动员能够在更广泛的心理层面上受益。这种综合训练方式不仅能提高运动员的心理素质,还能在一定程度上改善其整体竞技表现。通过多种心理训练方法的协同作用,运动员可以在心理调控方面达到更高的水平,从而在比赛中表现得更加出色。

评估与反馈机制是自我暗示训练中的重要组成部分,通过这些机制,运动员可以识别暗示效果的实际影响。评估的过程通常包括对训练效果的定期检查和记录,反馈则来自运动员自身的感受以及教练的观察。根据评估结果,教练和运动员可以对训练计划进行调整与优化,确保自我暗示训练能够持续有效地支持运动员的心理发展。

## 三、竞技体育心理调控的策略与技巧

### (一)情绪调控策略

情绪调控策略在竞技体育中起着至关重要的作用。情绪识别训练是该策略的基础,通过系统的训练,运动员能够更敏锐地识别和理解自身的情绪变化。这种识别能力不仅有助于运动员在比赛中保持最佳状态,还能在训练中及时调整心态,避免因情绪波动而影响表现。情绪的识别训练通常包括自我反思、情绪日记等方法,帮助运动员对自己的情绪模式有一个清晰的认识。通过这种训练,运动员可以在比赛前、中、后更好地管理自己的情绪,从而提高整体表现。

情绪调节技巧是情绪调控策略的重要组成部分。教授运动员使用深呼吸、放松训练等方法,是帮助他们在高压环境中有效管理和调节情绪的关键。深呼吸技巧可以帮助运动员在紧张时刻迅速恢复冷静,而放松训练则通过系统的肌肉放松和心理放松,帮助运动员在比赛前后保持最佳状态。这些技巧不仅在竞技场上发挥作用,还能在日常生活中帮助运动员应对压力和挑战。通过反复练习,这些技巧可以成为运动员自我调节情绪的重要工具。

积极情绪的培养对于提高比赛表现至关重要。通过设定积极的心理暗示和目标,运动员可以增强自信心,激发积极情绪。这种积极情绪不仅能提高运动员的比赛表现,还能增强他们的心理韧性。在训练中,教练可以通过设定小目标和提供正面反馈,帮助运动员建立积极的心态。同时,运动员也可以通过自我暗示和视觉化训练,增强对未来成功的信心。积极情绪的培养是一个长期的过程,需要运动员和教练的共同努力。

情绪表达与沟通在团队运动中尤为重要。鼓励运动员在团队中开放表达情绪,可以增强团队成员之间的理解与支持,从而促进团队凝聚力。开放的情绪交流环境有助于减少误解和冲突,提高团队合作效率。教练可以通过定期的团队讨论和情绪分享会,促进运动员之间的情感交流。这样的环境不仅能提高团队的整体表现,还能增强每个成员的归属感和责任感。

## (二)注意力集中技巧

注意力集中技巧在竞技体育中扮演着至关重要的角色。设定清晰的注意力目标是帮助运动员在训练和比赛中明确关注的焦点,减少干扰因素的关键。通过明确的目标设定,运动员能够在复杂的比赛环境中保持专注,避免外界干扰影响其表现。这不仅有助于提高运动员的竞技水平,也能增强他们在高压环境下的心理稳定性。目标设定的过程需要教练和运动员共同参与,以确保目标的可行性和挑战性,从而激发运动员的潜力。

运用可视化技术也是增强注意力集中和心理准备的重要手段。通过在心理上构建理想的表现场景,运动员可以提前预演比赛中的关键时刻,从而在实际比赛中表现得更加自信和从容。可视化技术要求运动员在脑海中详细描绘出比赛场景,包括动作细节、环境因素和情绪反应等。这种技术不仅能够提高运动员的注意力集中能力,还能增强其心理韧性,使其在面对挑战时能够迅速调整心态。

定期的注意力训练是提升运动员专注能力和反应速度的有效途径。通过专门的练习和游戏,运动员可以在轻松愉快的氛围中提高自己的注意力水平。这些训练项目通常包括快速反应游戏、视觉追踪练习等,旨在提高运动员的注意力持续时间和反应速度。定期的注意力训练不仅能够提高运动员的竞技表现,还能帮助他们在日常生活中保持良好的专注力。

引导运动员进行自我监测是培养他们识别注意力分散时刻并及时调整策略的重要方法。通过自我监测,运动员可以更好地了解自己的注意力模式,识别出影响注意力的内外部因素。这种自我反思能力能够帮助运动员在比赛中及时调整策略,保持专注。教练可以通过提供反馈和建议,帮助运动员提高自我监测的准确性和有效性。

## (三)压力管理技巧

在竞技体育中,压力管理技巧对于运动员的表现至关重要。压力不仅影响运动员的身体状态,还会对心理层面产生深远的影响。通过建立个人压力识别机制,运动员可以更好地了解和辨别自身在不同情境下的压力源和反应。这一机制的建立需要运动员对自身的情绪变化保持敏感,并能够在压力初现时及时识别。这种自我识别能力不仅有助于运动员在比赛中迅速调整心态,还能在日常训练中提高自我管理的效率。通过系统的训练,运动员能够在压力来袭时采取有效的应对措施,从而在激烈的竞争中保持良好的心理状态。

时间管理技巧在压力管理中同样扮演着重要角色。合理安排训练和休息时间,可以有效减少因时间压力引发的焦虑。这不仅要求运动员具备良好的自律能力,还需要教练提供科学的训练计划,以确保运动员在高强度训练和必要的休息之间取得平衡。通过时间管理,运动员能够优化训练效果,提升竞技水平。此外,时间管理技巧的掌握也能帮助运动员在比赛前夕保持冷静、专注,避免因时间紧迫而产生焦虑情绪,从而在比赛中发挥出最佳水平。

积极的自我对话是压力管理中不可或缺的一部分。通过引导运动员进行积极的自我对话,可以帮助他们培养乐观的心态,以应对比赛前后的压力。积极的自我对话不仅能增强运动员的自信心,还能提高其对压力情境的适应能力。在面对挑战时,运动员通过自我鼓励和积极暗示,可以有效缓解紧张情绪,增强自我效能感。这种心理调节方法在比赛中尤为重要,因为它能够帮助运动员在关键时刻保持冷静,集中注意力,从而提高竞技表现。

团队支持活动也是压力管理的一种有效策略。通过开展团队支持活动,运动员之间可以分享压力应对经验,增强团队凝聚力与互助精神。团队支持不仅能为个体提供心理上的安全感,还能通过群体的力量帮助成员更好地应对压力。在这种互助氛围中,运动员能够感受到来自队友的支持与理解,从而在面对挑战时更加自信。此外,团队支持活动还能促进团队成员之间的沟通与协作,提高整体的比赛表现。

# 第五章 健身休闲体育教学模式

## 第一节 健身休闲体育教学模式概述

### 一、健身休闲体育教学模式的概念与相关术语

#### (一)概念界定

健身休闲体育教学模式是一种以促进参与者身心健康为核心目标的教育模式。其基本特征在于强调参与者的自主性与乐趣,注重个体差异与需求,使得每一位参与者都能在体育活动中找到适合自己的方式和节奏。这种模式不仅仅局限于传统的体育教学,而是通过多样化的活动形式,鼓励参与者主动参与,享受运动的快乐。通过这种方式,健身休闲体育教学模式不仅提升了参与者的身体素质,还在调节心理状态、提升社交能力等方面发挥着积极作用。

健身休闲体育教学模式通过多样化的活动促进参与者的身心健康,同时增强他们的社会交往与团队合作能力。与传统体育教学模式不同,这种模式更加注重参与者的全面发展,不仅仅是身体素质的提高,还包括心理健康、社交能力的提升。通过参与各种形式的健身休闲活动,参与者能够在愉悦的氛围中锻炼身体,释放压力,并在与他人的互动中提升自身的社交能力和团队合作意识。因此,健身休闲体育教学模式被认为是一种更为全面的教育方式。

在实施策略上,健身休闲体育教学模式强调以学生为中心,结合理论与实践,鼓励探索与创新。教师在教学过程中,应注重观察学生的兴趣与需求,设计多样化的活动内容,以激发学生的参与热情。同时,理论与实践的结合也是该模式的一大特色,学生不仅需要掌握相关的体育理论知识,还需在实践中不断探索,找到适合自己的运动方式。

#### (二)相关术语

健身休闲体育是指通过有组织的体育活动,促进个人健康和休闲体验的综合性活动。在这一模式中,"健身"强调身体健康的维持和提高,而"休闲"则关注活

动的愉悦性和放松效果。教学模式则是指在教育过程中,教师和学生之间互动的结构化框架。在健身休闲体育中,这一模式的构建需要兼顾体育的锻炼功能和休闲的娱乐功能,从而满足不同群体的需求。此外,相关术语还包括"体育参与者""活动设计""教学策略"等,它们共同构成了健身休闲体育教学模式的理论基础。

健身休闲体育的参与动机是驱动个体参与这一活动的内在和外在因素的总和。参与动机可以分为内在动机和外在动机。内在动机指的是个体由于对活动本身的兴趣和乐趣而参与健身休闲体育,如享受运动带来的快乐、挑战自我等。而外在动机则包括外部奖励或社会压力,如通过参与活动获得社会认可、奖品或改善人际关系等。了解参与动机有助于教师在设计课程时,能够更好地激励学生,并通过适当的教学策略激发学生的参与热情,提升教学效果。

个体差异在健身休闲体育中的表现是教学模式设计中需要特别关注的因素。个体差异包括生理、心理、社会等多个方面,这些差异直接影响到个体在健身休闲体育活动中的表现和体验。例如,不同年龄、性别、体能水平的个体在活动选择和参与方式上可能存在显著差异。此外,心理因素如个性、兴趣、动机等,也在很大程度上决定了个体参与活动的积极性和持久性。因此,教学模式需要灵活调整,以适应不同个体的需求,确保每位参与者都能在活动中获得积极的体验和成长。

健身休闲体育活动的多样性与选择性是其吸引力的重要来源。多样性体现在活动形式、内容和强度的多元化,能够满足不同个体的兴趣和需求。例如,健身操、瑜伽、游泳、骑行等活动各具特色,适合不同的身体条件和兴趣爱好。选择性则意味着参与者可以根据自身条件和兴趣,自主选择适合自己的活动。这种选择的自由度不仅提高了参与者的积极性,也增强了活动的趣味性和参与感。在教学模式中,教师应提供丰富的活动选项,并指导学生进行合理选择,以实现最佳的教学效果。

健身休闲体育的社会交往功能是其重要的社会价值之一。通过参与健身休闲体育活动,个体可以结识新朋友、加强与他人的联系,甚至形成稳定的社交圈。这种社交互动不仅有助于提升个体的社会技能和自信心,还能够促进团队合作精神的培养。在教学模式中,教师可以通过设计团队活动、合作任务等方式,增强学生之间的互动和合作,从而提高学生的社交能力和团队意识。

## 二、健身休闲体育教学模式的特点

### (一)多样性

健身休闲体育教学模式的多样性体现在活动形式的丰富多彩。团队运动如篮球、足球等能够培养参与者的团队合作精神和竞争意识,而个人项目如瑜伽、跑步则更强调个体的自我挑战和身心放松。此外,户外探险活动如攀岩、远足等不仅能够增强体能,还能提升参与者的冒险精神和自然认知能力。这种多样化的活动形式满足了不同参与者的兴趣与需求,使得每一个人都能在健身休闲体育中找到适合自己的项目,进而提高参与的积极性和持久性。

健身休闲体育课程内容的灵活性是其另一大特点。课程设计能够根据参与者的年龄、能力和健康状况进行个性化调整。例如,针对儿童的课程可以增加游戏元素,增强趣味性;而对于老年人,则更注重安全性和低强度的运动项目。这种灵活性确保了每位参与者都能在适合自己的节奏和强度下进行锻炼,从而最大程度地发挥健身休闲体育的健康促进作用。此外,灵活的课程内容也为教师提供了创新的空间,使其能够根据学员的反馈不断优化教学方案。

时间安排的灵活性是健身休闲体育吸引参与者的重要因素之一。现代生活节奏快,许多人难以固定时间参与体育活动,而健身休闲体育的灵活时间安排使得参与者可以根据个人的日程选择合适的时间进行锻炼。这种灵活性不仅增加了参与的便利性,也使得更多人能够将健身休闲体育融入日常生活中,形成良好的健身习惯,从而长期受益于体育锻炼带来的健康改善和生活质量的提升。

地点选择的多样性也是健身休闲体育教学模式的显著特点之一。参与者可以选择在室内健身房进行设备训练,享受专业设施带来的便利和安全保障;也可以选择在公园、海滩等户外场所进行活动,感受自然环境带来的身心愉悦。这种多样性的地点选择不仅增加了活动的趣味性,还能让参与者在不同环境中体验到不同的运动乐趣,提升整体的参与体验和满意度。

## (二)参与性

在健身休闲体育教学模式中,参与性是一个核心特征。健身休闲体育活动的参与性强调每位参与者的主动性,鼓励他们设定个人目标并积极参与到活动中。通过这种方式,参与者不仅可以提高自身的身体素质,还能在设定和实现目标的过程中获得成就感。这种主动参与的方式,使得健身休闲体育教学模式不仅仅是身体上的锻炼,更是心理和情感上的满足。这种强调个人目标的设定与实现,符合现代教育中以学生为中心的理念,促进了学生的全面发展。

参与者在健身休闲体育中享有较高的自由度,可以自由选择活动内容和形式,这增强了个体的选择权和自主性。这样一来,参与者能够根据自己的兴趣和需求选择适合自己的活动,从而提高了参与的积极性和持久性。这种自由选择的机制,不仅提高了参与者的满意度,还促进了他们对体育活动的长期投入和热爱。在参与过程中,个人的自主选择权被充分尊重,这也体现了现代教育对个体差异的尊重和包容。

社交互动是健身休闲体育的重要组成部分,参与者通过共同活动增进彼此之间的联系与信任。在活动中,参与者通过团队合作和交流,建立了深厚的友谊和信任关系。这种社交互动不仅使参与者在活动中感受到集体的温暖,还能提高他们的社交能力和沟通技巧。通过与他人的互动,参与者在社交能力和情感表达方面得到提升,这对于他们在生活和学习中的人际交往都有积极的影响。

参与性还体现在对反馈的重视,教师会根据参与者的意见和建议调整活动,以提高参与者的满意度。在健身休闲体育教学中,教师与参与者之间的沟通是双向的,教师不仅要传授知识和技能,还要倾听参与者的反馈和建议。这种重视反馈的机制,使得教学过程更加灵活和贴近参与者的需求,提升了教学的有效性和参与者的满意度。通过这种方式,参与者的主体地位得到了体现,他们的意见被尊重和采纳,从而增强了他们的参与感和责任感。

## 三、健身休闲体育教学模式的理论基础

### (一)教育学理论

教育学理论在健身休闲体育教学模式中占据核心地位,强调通过科学的教育方法促进学习者的全面发展。建构主义理论在此背景下显得尤为重要,它主张学习者在实践中主动构建知识,这一理念在健身休闲体育教学中得到了广泛应用。通过鼓励学员自主探索与体验,教学者能够激发学习者的学习兴趣和内在动机,使他们在参与中获得深刻的认知体验。这种方法不仅增强了学习者的学习效果,还培养了他们的独立思考能力和问题解决能力,为其终身学习打下坚实基础。

社会学习理论提供了健身休闲体育教学中团队合作与社交互动的重要性依据。根据该理论,学习是在社会互动中发生的,因此,体育教学活动中设计的团队合作项目和社交互动环节,能够有效促进学员之间的交流与合作,增强学习效果。这种通过互动而非单向传授的学习方式,使学员在参与过程中不仅能掌握技能,还能提高社交能力和团队协作精神,为未来的社会生活做好准备。

多元智能理论强调个体在不同领域的智能表现,这一理论在健身休闲体育教学中被广泛应用。教学者应关注参与者的多样性与个体差异,提供个性化的学习

体验。通过识别学员的优势智能,教师可以设计多样化的课程内容,满足不同学员的需求,激发他们的潜力。这样的教学模式不仅尊重了学员的个体差异,还能帮助他们在适合自己的领域中取得更大进步,提升自我效能感。

自我效能理论认为个体对自身能力的信心会影响其参与行为。健身休闲体育教学应通过设置适当的挑战来增强参与者的自信心。在体育活动中,教学者可以通过逐步增加活动难度和提供积极反馈,帮助学员建立自信。这样的策略不仅能提高学员的参与积极性,还能增强他们面对困难时的毅力和韧性,培养他们的自我效能感和成就动机。

### (二)体育学理论

体育学理论在健身休闲体育教学模式中扮演着至关重要的角色。运动生理学作为体育学理论的一部分,强调身体在运动过程中的生理反应。健身休闲体育教学应密切关注参与者的身体适应能力与锻炼效果,以科学的方式指导运动强度与类型的选择。这不仅有助于确保运动的安全性,还能最大化地提升参与者的身体素质。通过对心率、呼吸频率等生理指标的监测,教师可以根据个体差异制定个性化的锻炼计划,确保每位参与者都能在安全的范围内获得最佳的锻炼效果。

运动心理学理论则探讨运动对心理健康的影响,这一理论强调心理调适策略在健身休闲体育教学中的重要性。教师在教学过程中应融入有效的心理调适策略,帮助参与者克服运动障碍,增强自我效能感与参与动机。通过积极的心理暗示和目标设定,教师可以激发参与者的内在动机,提升他们的运动坚持度。此外,运动心理学还强调通过运动改善焦虑、抑郁等心理问题,健身休闲体育教学应为参与者提供一个积极、支持的环境,帮助他们在运动中获得心理上的满足与快乐。

体育社会学理论分析了体育活动中的社会关系与文化背景,为健身休闲体育教学提供了重要的视角。教学过程中应关注群体动力与社交互动,促进参与者的社会融入与团队协作能力。通过团队合作的锻炼项目,教师可以增强参与者的沟通技巧和集体意识,培养他们的团队精神。此外,体育活动作为一种文化现象,教师应引导参与者理解和尊重不同的体育文化,增强他们的文化认同感和社会责任感,从而在更广泛的社会背景中实现个人的发展。

运动技能学习理论强调通过反复练习与反馈提高运动技能,这在健身休闲体育教学中尤为重要。教师应设计循序渐进的练习活动,帮助参与者在实践中掌握技能与技巧。通过明确的技术指导和及时的反馈,参与者可以不断调整和改进自己的动作,提高运动技能水平。同时,教师应鼓励参与者进行自我评估和反思,帮助他们在实践中形成良好的运动习惯,进而在长期的锻炼中获得更高的成就感和满足感。

### (三)心理学理论

动机理论强调内在动机的关键性,指出内在动机是参与者持续参与健身休闲体育活动的驱动力。教师在设计课程内容时,应注重激发学生的内在兴趣,使其在活动中找到乐趣和成就感。这不仅有助于提高学生的参与积极性,也能培养其对体育活动的长久热爱。通过设计富有挑战性和趣味性的课程内容,教师可以有效地激发学生的内在动机,促使他们主动参与到健身休闲体育活动中。

自我决定理论进一步指出,满足参与者的自主性、胜任感和归属感是提升参与积极性的关键。健身休闲体育教学应致力于创造一个支持性的环境,使学生在活动中感受到自主的选择权、能力的提升以及与他人的连接。这种环境不仅能够提高他们的参与热情,还能帮助他们在体育活动中找到归属感和成就感。通过提供多样化的活动选择和反馈机制,教师可以帮助学生体验到自主性和胜任感的提升,增强他们的参与动力。

心理韧性理论强调在面对挑战和困难时,参与者的心理韧性能够通过适当的训练和支持得到增强。在健身休闲体育教学中,融入心理韧性培养的策略是非常重要的。教师可以通过设置适度的挑战和提供积极的反馈,帮助学生在克服困难的过程中提升心理韧性。这不仅有助于提高他们在体育活动中的表现,还能为他们在其他生活领域应对挑战提供支持。

群体动力学理论关注小组中的互动模式,强调团队成员之间的关系在健身休闲体育教学中的重要性。通过促进积极的社交互动和团队合作,教师可以帮助学生在团队活动中体验到协作的乐趣和成就感。这种体验不仅能增强学生的社会技能,还能提升他们在团队活动中的参与度和责任感。教师应注重设计能够促进团队合作和积极互动的活动,以增强学生的团队意识和合作能力。

积极心理学强调通过积极体验和情绪提升个体的心理健康。在健身休闲体育活动中,设计能够带来愉悦和成就感的活动是增强参与者整体幸福感的重要手段。教师应注重活动的趣味性和挑战性,使学生在活动中获得积极的情绪体验和心理满足。这不仅能提高他们的心理健康水平,还能增强他们对体育活动的热情和投入度。

## 四、健身休闲体育教学模式的应用领域

### (一)学校教育

在学校教育中,健身休闲体育教学模式的应用具有重要意义。健身休闲体育在学校教育中的课程设计应注重多样性,提供多种活动选择以满足不同学生的兴趣和需求。课程设计不仅要包括传统的体育项目,还应融入如瑜伽、舞蹈、攀岩等新兴活动,以吸引更多学生参与。通过丰富的课程设置,学校能够激发学生的运动兴趣,促进其长期参与体育活动的积极性,从而在潜移默化中提高学生的身体素质和生活质量。

学校应通过健身休闲体育活动促进学生的身心健康,增强其社交能力和团队合作精神。体育活动不仅是身体锻炼的途径,也是培养学生社交技能的重要场所。在团队运动中,学生能够学会如何与他人合作、沟通和解决问题,这些技能对其未来的社会生活至关重要。此外,体育活动还为学生提供了一个释放压力、放松心情的平台,有助于其形成积极向上的生活态度。

教师在实施健身休闲体育教学时,应关注学生的个体差异,制定个性化的教学策略以提升参与度。每个学生的身体条件和兴趣爱好各不相同,教师需要因材施教,设计适合不同学生的运动项目和强度。这不仅能提高学生参与体育活动的积极性,还有助于学生在运动中获得成就感和自信心。同时,个性化的教学策略也能有效避免学生因不适应某些活动而产生的挫败感。

学校可以利用课外活动和社团组织,拓展健身休闲体育的实施范围,鼓励学生在课外时间积极参与。通过成立各种体育社团和兴趣小组,学校能够为学生提供更加丰富的运动选择和更大的参与空间。这种课外活动的形式不仅能增强学生的身体素质,还能培养其团队合作意识和领导能力,为其全面发展提供支持。

### (二)社区活动

社区活动在健身休闲体育教学模式中扮演着重要角色。为了满足不同年龄和兴趣群体的需求,社区活动应鼓励居民参与多样化的健身休闲项目,如瑜伽、舞蹈和徒步等。这些活动不仅能够提供身体锻炼的机会,还能丰富居民的日常生活,提升生活质量。通过这些活动,社区可以营造出一种积极向上的氛围,使居民在繁忙的生活中找到放松和愉悦的方式。同时,这些活动的多样性也能够激发居

民的兴趣,促使他们不断探索新的健身方式,形成良好的健身习惯。

为了增强居民的参与感和归属感,社区应定期组织健身赛事和活动。这些活动不仅可以成为居民展示自我、挑战自我的平台,还能促进邻里之间的互动和交流,增强社区的凝聚力。例如,通过举办社区健步走比赛或舞蹈大赛,居民可以在轻松愉快的氛围中建立友谊,分享健身经验。此外,这些活动也为社区成员提供了展示才能的机会,提升了社区活动的吸引力和居民的参与度。

确保居民能够在安全、便利的环境中进行健身休闲活动,社区需要提供适宜的场地和设施。这包括修建和维护社区健身路径、安装健身器材,以及提供足够的场地进行团体活动。这些基础设施不仅为居民提供了便利,也体现了社区对居民健康生活方式的重视。通过这样的投入,社区能够吸引更多居民参与到健身休闲活动中来,形成良好的健身文化氛围。

结合社区特色开展主题健身活动,如节庆健身、环保健身等,可以进一步提升活动的吸引力和参与度。这些活动不仅能够吸引更多居民的参与,还能使健身活动与社区文化紧密结合,增强居民的文化认同感。例如,在春节期间组织的传统舞龙舞狮活动,不仅是一种健身方式,也是对传统文化的传承和弘扬。通过这样的活动,社区能够在健身的同时,丰富文化生活,提升居民的文化素养。

通过社区志愿者培训和活动组织,社区可以培养居民的组织能力和团队合作精神,促进社区的整体发展。志愿者在活动中不仅是参与者,更是组织者,他们的积极参与能够带动更多居民加入社区活动中来。这种模式不仅提高了活动的组织效率,也增强了居民的社区归属感和责任感。

# 第二节 健身休闲体育教学内容的多样性

## 一、有氧运动课程的多样化设计

### (一)不同强度的有氧运动

在健身休闲体育教学中,不同强度的有氧运动设计是课程多样化的重要体现。根据参与者的身体状况,有氧运动可以分为低强度、中强度和高强度三类。低强度运动如散步和轻松骑行,适合初学者和体能较弱者;中强度运动如慢跑和游泳,适合大多数健身爱好者;高强度运动如高强度间歇训练(High Intensity Interval Training,HIIT),则挑战性较高,适合体能较好者。这种分类不仅满足了不同参与者的需求,还促进了个性化的健身体验。通过合理的课程设计,可以帮助不同体能水平的参与者找到适合自己的运动强度,从而提高运动效果和安全性。

课程设计的多样化还体现在有氧运动形式的丰富性上。除了传统的跑步和骑行,现代有氧运动课程还包括舞蹈、有氧操和团体健身课程等多种形式。这些形式不仅能够增强参与者的兴趣,还能通过集体活动提升社交互动,增加参与度。教师在设计课程时,可以通过结合音乐和节奏,创造出充满活力和趣味的运动氛围,以此来激发参与者的运动热情。这种多样化的设计,不仅能吸引更多人参与到健身活动中,还能有效地提高整体课程的吸引力和参与者的满意度。

在有氧运动课程中,教师的指导和课程设置至关重要。通过设置不同的时间和强度区间,教师可以帮助参与者掌握自我调节能力,从而提高锻炼效果。特别是对于初学者或体能较弱的参与者,教师的指导可以帮助他们逐步适应和提高。此外,针对不同年龄段和健康状况的参与者,课程应提供适合的有氧运动选择,确保每个人都能在安全的环境中进行锻炼。这不仅有助于提高参与者的身体素质,还能增强他们的自信心和成就感。

有氧运动课程的设计还应注重体验感和乐趣的提升。通过结合音乐、节奏和社交互动,课程可以为参与者提供一种愉悦的运动体验。音乐和节奏的结合,不仅能激发参与者的运动热情,还能帮助他们保持节奏感和运动的连贯性。社交互动则能增强参与者之间的联系,提升团队合作精神和集体荣誉感。

### (二)音乐与节奏的结合

音乐与节奏的结合在有氧运动课程设计中扮演着重要角色。音乐节奏不仅能够提升参与者的运动动力和节奏感,还能显著增强锻炼效果。通过选择适合的音乐,参与者可以更轻松地进入运动状态,感受到音乐带来的活力和动感。这种结合能够使运动过程更加愉悦,促使参与者保持良好的锻炼习惯。音乐的律动为运动注入了活力,使参与者在不知不觉中完成锻炼,从而达到更佳的健身效果。

在有氧运动课程中,结合不同风格的音乐可以满足参与者的多样化需求,提升课程的趣味性和吸引力。无论是流行音乐还是古典乐曲,不同的音乐风格都能够为课程注入新鲜感,吸引不同年龄层和兴趣的参与者。音乐的多样性不仅丰富了课程内容,还能激发参与者的运动兴趣,使他们在运动中找到乐趣,进而提高参与度和坚持度。这种多样化的设计为有氧运动课程注入了新的活力,使其更具吸引力和竞争力。

教师可以利用音乐的节奏变化来设计不同强度的运动方案,帮助参与者在锻炼中自然调节运动强度。通过音乐节奏的快慢变化,教师能够巧妙地引导参与者进行强度调整,避免单调和疲劳。这种设计不仅能够提高课程的科学性和有效性,还能帮助参与者在锻炼中保持良好的状态,避免过度疲劳或运动损伤。同时,音乐的节奏变化也为课程增添了趣味性,使参与者在不知不觉中完成了高效的锻炼。

音乐与运动的结合能够促进社交互动,参与者在共同欣赏音乐的同时增强团队合作意识。在有氧运动课程中,音乐不仅是背景,更是连接参与者之间的纽带。共同的音乐体验能够拉近参与者之间的距离,促进彼此之间的交流和合作。这种社交互动不仅能够提高课程的参与度和趣味性,还能够增强团队凝聚力,使参与者在运动中获得更多的支持和鼓励,提升整体的运动体验。

## 二、力量训练课程的多元化选择

### (一)器械与徒手训练结合

器械与徒手训练结合在力量训练课程中扮演着重要角色。这种结合方式不仅能够有效提高参与者的力量和耐力,还能适应不同的健身目标和个体需求。通过将器械训练的稳定性与徒手训练的灵活性相结合,参与者可以在多样化的环境中进行力量训练。这种多元化的训练方式不仅提升了锻炼的趣味性,还使得参与者能够在不同的场景中灵活调整训练计划,以满足自身的健身目标。

在力量训练课程中,器械与徒手训练的结合设计能够针对不同的肌群进行全面锻炼。通过这种方式,参与者可以确保身体各部分的均衡发展。器械训练提供了固定的动作轨迹和负重选择,使得参与者可以专注于特定肌群的强化。而徒手训练则提供了更为自由的动作选择,能够在不依赖器械的情况下,锻炼到更多的辅助肌群。这种全方位的训练模式促进了参与者的全面身体发展。

结合器械与徒手训练的课程设计还能培养参与者的自我调节能力。在力量训练中,了解如何调节运动强度和形式是非常重要的技能。通过这种结合训练,参与者能够更好地掌握自身的运动节奏和强度,进而提高训练效果。这种自我调节能力的培养,不仅有助于在健身中获得更好的成果,还能够在日常生活中提高身体素质和健康水平。

器械与徒手训练结合的方式也可以促进社交互动。小组训练中,参与者可以在共同完成训练目标的过程中,互相支持与鼓励。这种互动不仅增强了团队凝聚力,还为参与者提供了一个分享经验和交流心得的平台。在这样的环境中,参与者不仅能够提升身体素质,还能建立起积极的社交关系,形成良好的健身氛围。

### (二)不同肌群的训练方法

在力量训练课程中,不同肌群的训练方法是实现全面体能发展的关键。每个肌群在身体功能中扮演着独特的角色,因此针对性地设计训练方案尤为重要。大肌群的复合训练方法如深蹲和硬拉,通过多关节运动来提高力量和稳定性。这些练习不仅能有效提升整体力量,还能增强关节的承受能力,适合希望全面提升力量的参与者。这类训练方法强调全身协调,通过复合动作的实施,能够同时锻炼多个肌群,达到事半功倍的效果。

针对小肌群的孤立训练方法则更为精细化,如哑铃飞鸟和侧平举,帮助参与者集中锻炼特定肌肉,增强局部力量和塑形效果。这类训练方法的核心在于通过孤立的动作,精确地刺激目标肌群,避免其他肌群的过度参与。通过这种方式,训练者可以更好地控制肌肉的生长方向,达到特定的塑形目标。此外,小肌群的训练还可以改善肌肉的耐力和细节表现,使整体肌肉线条更加匀称和美观。

功能性训练的肌群训练方法则是通过模仿日常生活动作的训练,提高身体的协调性和灵活性,增强日常活动能力。这类训练方法的设计初衷在于提升身体在真实生活中的运动效率。通过训练诸如提拉、推举、旋转等动作,参与者可以在增强肌肉力量的同时,提高动作的协调性和灵活性。这种训练方法不仅能改善运动表现,还能有效减少运动损伤的风险,提高整体生活质量。

周期性训练方法在力量训练中也占据着重要地位。通过针对不同肌群设计不同的训练周期,交替进行力量和恢复,以促进肌肉的生长与修复。这种方法的科学性在于它遵循了肌肉超量恢复的原理,通过合理的周期安排,避免肌肉的过度疲劳,同时促进肌肉纤维的重建和增长。周期性训练不仅能提高训练效果,还能保持训练的新鲜感,帮助参与者长期坚持。

结合核心肌群训练,如平板支撑和俄罗斯转体,能够增强核心稳定性,提高整体力量训练的效果与安全性。核心肌群是身体力量的枢纽,其稳定性直接影响到其他肌群的训练效果。在力量训练中,强大的核心能为身体提供良好的支撑,减少运动损伤的风险。

### (三)力量训练的进阶设计

力量训练在现代健身休闲体育教学中扮演着重要角色,其进阶设计直接影响参与者的训练效果和体验。力量训练的进阶设计需要结合个体的训练历史和目标,为参与者制定量身定制的训练计划。这样的个性化设计不仅能确保训练效果的最大化,还能帮助参与者在训练过程中避免受伤。个体化的训练计划应该考虑到参与者的初始力量水平、身体条件以及预期的健身目标,从而在训练强度和频次上做出合理安排。这种针对性的设计理念在国内外的健身教学中已有广泛应用,并被证明能够显著提高参与者的训练效果和满意度。

进阶力量训练的一个关键原则是周期性训练原则。通过周期性地调整训练的强度和内容,可以有效促进肌肉的适应性和力量的提升。周期性训练原则强调通过不同阶段的训练变化,避免肌肉的训练疲劳和适应性停滞。这种方法不仅能帮助参与者突破力量训练的瓶颈,还能在长期训练中保持高效的肌肉增长和力量提升。周期性训练的理念源自运动训练的历史演进,并在现代健身教学中被广泛应用,成为提升训练效果的核心策略之一。

在力量训练的进阶设计中,增加训练器械和方法的多样性可以有效提升训练的趣味性和多样性。通过引入弹力带、沙袋等多样化的训练器械,可以在训练中提供不同的阻力和刺激,从而促进肌肉的全面发展。这种多样化的训练方法不仅能提高训练的趣味性,还能有效激发参与者的训练兴趣和动力。多样化的训练器械和方法在国内外的健身实践中已被广泛认可,并成为力量训练课程设计中的重要组成部分。

HIIT与力量训练的结合是现代健身课程设计中的一种创新尝试。这种结合课程不仅能有效提升参与者的心肺功能,还能在短时间内增强肌肉力量,满足现代健身的多重需求。HIIT与力量训练的结合课程设计需要在训练强度和休息时间上进行科学安排,以确保训练的安全性和有效性。这种结合课程的设计理念在国内外的健身教学中逐渐受到关注,并成为满足现代健身需求的重要手段之一。

## 三、团体运动项目的丰富性

### (一)团体合作与竞争

团体运动项目在现代体育教学中扮演着重要角色,强调团队合作的重要性。

通过参与这些项目,参与者能够在实践中体会到相互支持与信任的价值,进而增强团队的凝聚力。团体运动不仅仅是体能的较量,更是团队精神的体现。参与者在团体活动中学会协调与合作,这种合作精神不仅在运动中至关重要,在日常生活和工作中也同样不可或缺。

在团体运动中,竞争元素的存在极大地激发了参与者的积极性。通过竞争,参与者被鼓励不断挑战自我,提升运动表现。竞争不仅仅是为了胜利,更是一种激励机制,推动每个人在团队中发挥最大潜力。这样的环境中,参与者学会设定目标、评估自身表现,并在失败中汲取经验教训,最终实现自我超越。

团体运动项目通常通过设置明确的角色和任务来帮助参与者理解团队内的分工与协作。每个成员在团队中都有其独特的角色,通过对角色的理解和执行,团队能够提升整体效率。参与者在这样的环境中学会如何与他人协作,共同朝着团队目标努力。这不仅提高了团队的整体表现,也培养了参与者的责任感和组织能力。

在团体运动活动中,策略的制定与执行是必不可少的环节。这一过程培养了参与者的沟通能力与决策能力,促进了社交技能的发展。通过与队友的交流和讨论,参与者学会如何倾听、表达观点,并在必要时做出明智的决策。这样的技能在现代社会中显得尤为重要,不仅有助于个人的成长,也有助于建立良好的人际关系。

### (二)多样化的团队运动项目

多样化的团队运动项目在健身休闲体育教学中具有重要意义。团体运动项目的多样性不仅包括传统的团队运动,如篮球、足球等,这些运动强调团队协作与竞争,能够有效培养参与者的团队意识和竞争精神。这些项目适合不同年龄和技能水平的参与者,通过参与这些运动,参与者可以在团队中找到自己的角色,提升自信心和沟通能力。此外,传统团队运动项目还提供了一个平台,让参与者在竞技中享受乐趣,增强身体素质。

引入新兴团队运动项目,如飞盘和匹克球等,可以极大地吸引年轻参与者的兴趣,增加运动的趣味性和参与度。这些新兴项目通常具有较高的互动性和娱乐性,能够激发参与者的创造力和团队合作精神。年轻人往往追求新鲜感和挑战性,而新兴团队运动项目正好满足了他们的需求。这些项目不仅丰富了体育教学内容,也为年轻人提供了一个展示自我、结交朋友的平台,促进了社交能力的提高。

结合文化元素的团队运动项目,如民族舞蹈团体比赛,不仅促进了文化交流,还提升了参与者的文化认同感。这类项目将体育与文化紧密结合,通过团体活动让参与者感受到不同文化的魅力,增强对自身文化的认同和自豪感。参与者在团队合作中体验到文化的多样性和包容性,这种体验不仅丰富了他们的文化知识,也在潜移默化中培养了他们的文化素养和跨文化交流能力。

设计适合不同场地的团队运动项目,例如沙滩排球和草地曲棍球等,增加了运动的多样性和适应性。这些项目的设计考虑了不同的地理和环境因素,鼓励参与者在不同环境中锻炼,提升适应能力和创造力。通过在多样化的场地上进行运动,参与者能够体验到不同的运动乐趣,增强对环境的适应能力,并在不同的挑战中锻炼自己的身体素质和心理素质。

### (三)团体运动的社交功能

团体运动不仅是一种身体锻炼的方式,还是一个重要的社交平台。参与者在共同的目标和活动中,不仅能锻炼身体,还能建立起深厚的友谊和联系。这种社交功能是团体运动的重要特征之一。在参与团体运动的过程中,个体通过共同的努力和合作,形成了一个互相支持的网络,这种网络不仅限于运动场上,还延伸到日常生活中。通过团体运动,参与者在追求共同目标的过程中,能够相互了解,建立起信任和理解,这为他们提供了一个难得的社交机会。

在轻松愉悦的氛围中,团体运动为参与者创造了交流的机会。不同于正式的社交场合,团体运动中的交流更加自然和放松,这种环境有助于参与者之间的沟通和情感交流。通过共同的运动经历,参与者能够分享彼此的经历和感受,从而增强彼此之间的理解和信任。这种交流不仅限于口头的沟通,还包括肢体语言和非语言的互动,这些都在无形中加强了参与者之间的联系。

团体运动中的互动与合作对于提升参与者的沟通能力具有重要意义。在团体运动中,参与者需要相互配合,协调行动,这种合作要求良好的沟通能力。通过不断的交流和反馈,参与者能够提高自己的沟通技巧,学会如何有效地表达自己的想法和意见。此外,团体运动还培养了参与者的团队精神和协作意识,使他们在团队中能够更好地发挥自己的作用,并与他人紧密合作。

团体运动的另一大优势在于其促进社会融合与文化认同的能力。不同背景和文化的参与者在团体运动中相遇,通过共同的运动体验,他们能够相互了解和欣赏彼此的文化差异。这种跨文化的交流有助于打破文化隔阂,增强社会的融合和文化的认同感。团体运动为不同文化背景的人提供了一个平等的交流平台,使他们能够在共同的运动中找到共鸣。

# 第三节　健身休闲体育教学方法的灵活性

## 一、个性化健身计划的定制化方案

### (一)个人健康评估

在健身休闲体育教学中,个人健康评估是定制化健身计划的首要步骤。通过详细的身体成分分析,了解参与者的体脂肪率、肌肉量和水分含量,可以全面掌握其身体状况。这一分析不仅帮助教练制定更为精准的训练计划,还能让参与者对自身的健康状况有更清晰的认识。此外,心肺功能的评估同样至关重要。通过心率监测和耐力测试,能够判断参与者的心血管健康水平,从而在健身计划中合理安排有氧与无氧运动的比例,确保心肺功能的有效提升。

心理健康评估是个人健康评估的重要组成部分。在制定个性化健身计划时,了解参与者的情绪状态和压力水平至关重要。心理健康不仅影响个人的运动表现,还直接关系到其长期坚持锻炼的动力。因此,在健身教学中,教练应关注参与者的心理状态,通过合理的沟通和激励措施,帮助他们在锻炼中保持积极的心态。运动能力评估则涵盖灵活性、力量和耐力等方面,这些评估结果为制定适合的锻炼计划提供了科学依据。

健康历史和生活方式调查是个人健康评估的补充部分。通过了解参与者的饮食习惯、运动频率和睡眠质量,可以识别影响健康的潜在因素,并在此基础上进行针对性的调整。这一调查不仅为定制化健身计划提供了背景信息,还能帮助参与者在日常生活中养成更健康的生活方式。综合这些评估和调查结果,教练可以为每位参与者制定出个性化的健身计划,确保其在安全、有效的前提下达到健身目标。这种灵活的教学方法不仅提高了教学效果,还增强了参与者的健身体验。

### (二)目标导向的健身计划

在健身休闲体育教学模式中,目标导向的健身计划是实现个性化健身的关键。这种计划强调根据参与者的健康状况和个人目标,制定具体的锻炼内容。无论是减脂、增肌还是提高耐力,都需要确保计划的针对性和有效性。这种方法不仅要考虑参与者的当前健康水平,还需结合其未来的健康目标,从而制定出最适合的锻炼方案。通过这种方式,参与者能够在锻炼过程中感受到计划的科学性和个性化,从而更好地坚持下去。

设定短期和长期的健身目标是目标导向计划的核心。短期目标为参与者提供了快速反馈和即时成就感,而长期目标则帮助他们逐步实现更大的自我挑战。这种目标设定不仅增强了参与者的积极性,还提升了他们的成就感。通过逐步实现这些目标,参与者能够在健身之旅中获得持续的动力,并在不断的自我挑战中感受到身心的成长和进步。

为了确保计划的适应性和灵活性,健身计划必须根据参与者的反馈和进展进行定期调整。这种动态调整能够满足参与者不断变化的需求,使他们始终处于最佳的锻炼状态。通过对反馈的重视,教练可以及时了解参与者的感受和变化,从而在计划中做出必要的调整。这不仅提高了计划的有效性,也让参与者感受到计划的灵活性和人性化设计。

结合参与者的兴趣和喜好进行锻炼形式的设计,是增加计划趣味性和吸引力的重要策略。多样化的锻炼形式不仅可以避免单调乏味,还能激发参与者的兴趣,提高他们的参与度。通过引入新的运动形式或增加趣味性元素,参与者在锻炼中能够体验到更多的乐趣,从而提升持续参与的动力。这种设计理念强调了健身计划不仅是身体的锻炼,更是心灵的愉悦过程。

合理的时间安排是确保参与者能够在繁忙的日程中找到适合锻炼时间的关键。通过科学合理的时间规划,参与者能够在工作、学习和生活之间找到平衡,增强其参与的便利性和可行性。时间安排的合理性不仅体现在每天的锻炼时间上,还体现在每周的锻炼频率和每个阶段的锻炼强度上。

### (三)持续跟踪与调整

在健身休闲体育教学中,持续跟踪与调整是确保个性化健身计划有效性的关键步骤。定期评估参与者的进展情况,不仅可以深入了解其身体素质的提升和心理状态的变化,还能帮助教练及时发现问题所在,从而调整健身计划的方向和内容。这种评估通常包括体能测试、心理问卷以及日常表现记录等多方面的内容,通过多维度的数据收集,形成对参与者的全面了解。这种方法的优势在于,它能为每一位参与者提供量身定制的健身方案,使其在科学的指导下,最大限度地实现个人目标。

根据参与者的反馈,及时调整锻炼内容和强度是个性化健身计划成功实施的重要环节。参与者的需求和目标往往会随着时间的推移而发生变化,固定不变的计划可能会导致参与者失去兴趣或无法达到预期效果。因此,教练需要根据参与者的实际反馈,灵活地调整训练计划的内容和强度,以确保其始终处于最佳的锻炼状态。这样的动态调整不仅能够提高参与者的锻炼效果,还能增加他们的参与感和成就感,从而提高整体的健身体验。

在现代健身教学中,数据分析工具的应用为监测参与者的运动数据提供了强有力的支持。通过这些工具,教练可以实时获取参与者的运动数据,并对其进行深入分析。这些数据包括心率、卡路里消耗、运动轨迹等,能够为参与者提供个性化的反馈和建议。通过数据的可视化展示,参与者可以清晰地看到自己的进步,激发其继续锻炼的动力。同时,教练也能根据数据分析结果,提出更为科学合理的训练建议,帮助参与者达到更好的锻炼效果。

每个阶段结束后进行总结,是健身计划中不可或缺的一部分。总结不仅帮助参与者反思自己的锻炼过程与成果,还能增强其自我意识和参与感。在总结过程中,参与者可以回顾自己在整个阶段中的表现,明确哪些方面取得了进步,哪些方面仍需努力。这种自我反思的过程,有助于增强参与者的自信心,同时也为下一阶段的训练计划提供了重要的参考依据。

## 二、个性化教学方法的应用

### (一)学生需求分析

在健身休闲体育教学中,准确的学生需求分析是设计有效课程的基础。学生在健身休闲体育中的兴趣偏好是教师制定课程内容的关键。通过了解学生对不同体育活动的兴趣,教师可以设计出更具吸引力的课程,激发学生的参与热情。例如,一些学生可能对团体运动如篮球或足球更感兴趣,而另一些学生则可能更倾向于个人项目如瑜伽或游泳。通过调查问卷、访谈等方式,教师能够收集到学生的兴趣数据,从而在课程设计中融入更多学生喜爱的元素,提高课程的吸引力和参与度。

学生的身体素质水平也是个性化教学中不可忽视的因素。每位学生的力量、耐力、灵活性等身体素质各不相同,教师需要制定适合每位学生的个性化锻炼方案,以确保每个学生都能在适合自己的强度下锻炼,避免因过度运动导致的身体损伤。通过体能测试和观察,教师可以评估学生的身体素质,进而为不同水平的学生提供不同的训练计划,既能满足学生的锻炼需求,又能帮助他们逐步提升身体素质。

学生的心理需求在健身休闲体育教学中也占据重要位置。关注学生在锻炼过程中的情绪状态和心理健康,可以为他们提供更全面的支持与引导。教师应当在课程中融入心理健康教育,帮助学生在锻炼中释放压力,提升自信心。通过建立一个开放、包容的课堂氛围,教师能够鼓励学生表达自己的感受和需求,从而更好地调整教学策略,满足学生的心理需求。

学生的时间安排与生活方式同样影响着健身休闲体育课程的设计。考虑到学生的课外活动及作息时间,教师需要合理安排健身活动的频率与时长,以确保学生能够在不影响学业和生活的情况下参与体育锻炼。灵活的课程安排可以帮助学生更好地平衡学习与锻炼之间的关系,提高他们的参与意愿和锻炼效果。

### (二)教学内容定制

教学内容定制在健身休闲体育教学中扮演着至关重要的角色。通过根据学生的兴趣和偏好定制课程内容,可以设计出多样化的健身活动,这不仅提高了学生的参与度,也极大地增加了课程的趣味性。个性化的课程设计使得学生在参与的过程中感受到乐趣,从而更愿意投入时间和精力。这种方法特别适用于现代教育环境中,因为它强调了学生的主体地位,尊重个体差异,鼓励学生主动参与到体育活动中去。通过这种方式,教师能够更好地激发学生的运动热情,培养其对健身的持久兴趣。

结合学生的身体素质水平,制定个性化的锻炼方案,是实现教学内容定制的重要环节。每位学生的身体素质和健康状况不尽相同,因此,教师在设计课程时需要充分考虑这些因素,以确保每位学生都能在适合自己的强度下进行锻炼。个性化的锻炼方案不仅能够帮助学生更有效地达到健身目标,还能减少因过度运动而导致的身体伤害风险。这种量身定制的教学方法,强调了因材施教的理念,使得每位学生都能在自己的节奏下进步,从而提高整体教学效果。

在关注学生身体健康的同时,心理健康也是教学内容定制中不可忽视的一部分。设计能够缓解压力和焦虑的放松和冥想课程,可以有效地促进学生的心理健康。现代社会的快节奏生活使得学生面临着各种各样的压力,通过在课程中加入心理放松的元素,可以帮助学生更好地应对这些挑战。放松和冥想课程不仅能为学生提供一个缓解压力的途径,还能提高他们的专注力和情绪管理能力,这对于学生的全面发展有着积极的影响。

根据学生的时间安排与生活方式,灵活调整课程的频率和时长,是教学内容定制的又一重要方面。现代学生的时间安排通常较为紧凑,灵活的课程设计能够确保学生在繁忙的学习和生活节奏中,也能方便地参与到体育活动中。通过合理安排课程的时间和强度,教师可以帮助学生更好地平衡学业与健身之间的关系,从而实现健康与学业的双赢。这种灵活性也体现了对学生个体需求的尊重,是个性化教学方法的具体体现。

### (三)个性化反馈机制

在健身休闲体育教学中,个性化反馈机制的建立至关重要。通过这种机制,教师能够在每个阶段结束后,为参与者提供详细的反馈信息,帮助他们了解自身锻炼效果和进步情况。这种反馈机制不仅有助于参与者根据反馈做出相应的调整,还能激发他们的锻炼积极性和持久性。定期的反馈不仅仅是对参与者的表现进行评估,更是对他们努力的认可和鼓励,使他们在健身过程中保持动力和目标感。通过反馈,教师可以更好地了解每位参与者的需求,从而在教学过程中提供更有针对性的指导。

数字化工具的运用为个性化反馈机制提供了强有力的支持。这些工具可以精确地收集参与者的运动数据,并生成个性化的分析报告。通过这些报告,参与者能够更直观地理解自己的锻炼情况,识别出需要改进的地方和取得的进步。这种数据驱动的反馈方式,不仅提高了反馈的准确性和效率,还使参与者对自身的锻炼有更全面的了解,从而激发他们的自主学习和自我管理能力。在数字化时代,利用科技手段提升体育教学的个性化水平,已成为一种趋势。

参与者在锻炼过程中记录个人感受和进展,是个性化反馈机制的重要组成部分。通过记录,参与者能够反思自己的锻炼体验,识别出影响其表现的因素。教师应定期与参与者讨论这些记录,了解他们的感受和需求,从而提供更有针对性的指导。这种交流不仅增进了师生之间的沟通,也增强了参与者的自我反思能力,使他们在锻炼过程中更加主动和自信。通过这种方式,个性化教学的效果得以最大化,参与者的锻炼体验也得到显著提升。

设立参与者与教练之间的沟通渠道,是确保个性化反馈机制有效运作的关键。通过这些渠道,参与者可以随时分享他们在锻炼中遇到的问题和挑战,教练也能够及时提供建议和支持。这种信息共享和互动,不仅提高了教学的灵活性,也增强了课程的适应性和实用性。通过有效的沟通,教练能够更好地理解参与者的需求和目标,从而调整教学内容和策略,以确保课程始终与参与者的兴趣和发展方向保持一致。

根据参与者的反馈和需求,灵活调整教学内容和方式,是个性化反馈机制的最终目标。通过不断地调整和优化,教学内容能够更好地契合参与者的目标和兴趣,提升他们的参与度和学习效果。这种灵活性不仅提高了教学的有效性,也增强了课程的吸引力和实用性。在个性化反馈机制的支持下,健身休闲体育教学能够更好地适应不同参与者的需求,提供更为个性化和高效的学习体验。

## 三、团队合作与互动教学策略

### (一)小组合作学习

小组合作学习在健身休闲体育教学中具有重要的作用。它不仅能够增强参与者之间的沟通与信任,还能促进团队成员相互支持与理解。在这种教学模式下,参与者通过共同的目标进行协调与分工,从而提高整体活动的效率与效果。小组合作学习的核心在于通过团队合作来实现个人与集体的双重成长。参与者在小组中不仅仅是完成任务的个体,更是通过互动与合作,形成更紧密的团队关系,这种关系在体育活动中尤为重要,因为它能够激发参与者的潜能,增强他们在活动中的表现。

通过小组合作学习,参与者可以在共同的目标下进行协调与分工,提高整体活动的效率与效果。每个小组成员在活动中都有明确的角色和任务,这不仅有助于培养他们的责任感,还能让他们在实践中学会如何有效地与他人合作。这样的学习方式使得每个参与者都能在团队中找到自己的位置,并为团队的成功贡献力量。通过这种方式,参与者不仅能够提高自己的技能,还能在团队中学会如何处理复杂的任务和解决问题。

小组合作学习鼓励参与者分享个人经验与技能,促进知识的共享与集体智慧的提升。在小组中,每个成员都有机会展示自己的特长,并从他人那里学习新的技能和知识。这种知识的共享不仅能够提高个人的能力,还能提升整个团队的智慧水平。在这种环境下,参与者能够通过交流与合作,不断拓展自己的视野,丰富自己的知识储备。这种集体智慧的提升是小组合作学习的一大优势,它能够让参与者在团队中得到更多的成长机会。

在小组合作学习中,团队成员能够通过角色扮演与任务分配,培养领导能力与责任感。每个小组成员都有机会在不同的角色中锻炼自己的领导能力,无论是作为团队的领导者还是支持者,他们都能在实践中得到锻炼。此外,通过任务分配,参与者能够更好地理解团队合作的重要性,并在实践中培养自己的责任感。这种角色扮演与任务分配的方式,使得参与者能够在体育活动中学会如何有效地管理团队,提高团队的整体效率。

### (二)课堂互动设计

在现代体育教学中,课堂互动不仅能够提升课堂的活力,还能有效促进学生的学习与认知发展。课堂互动设计应注重参与者的主动性,通过小组讨论和角色扮演等形式,激发学生的积极参与和思考。这种方法不仅有助于学生在轻松的氛围中掌握知识,还能培养他们的团队合作能力和沟通技巧。通过角色扮演,学生可以更好地理解不同角色的责任与挑战,从而在实践中提升自身的综合素养。

利用多媒体和技术工具可以显著增强课堂互动的效果。现代技术的发展为课堂互动提供了丰富的手段,例如使用在线投票、实时问答等方式,可以大大提升参与者的互动体验。这些技术工具不仅能够吸引学生的注意力,还能实时反馈学生的理解程度,帮助教师及时调整教学策略。通过这些技术手段,课堂不再是单向的信息传递,而是一个动态的、双向的交流过程,从而提高了教学的有效性和趣味性。

在设计互动环节时,应结合实际运动技能,设置挑战性任务,让参与者在实践中学习与合作。这不仅能提高学生的运动技能,还能增强他们的团队意识和解决问题的能力。挑战性任务能够激发学生的竞争意识和合作精神,使他们在完成任务的过程中相互学习和支持。通过实践,学生能够更好地理解和应用所学知识,从而在实际运动中表现得更加出色。

实施反馈机制是课堂互动设计中不可或缺的一环。鼓励参与者在课堂互动后分享个人感受与收获,有助于促进相互学习和个人成长。反馈机制不仅能够帮助教师了解学生的学习情况,还能为学生提供一个反思和总结的机会。通过反馈,学生可以认识到自己的优点和不足,从而在今后的学习中不断改进和提高。

### (三)角色扮演活动

在健身休闲体育教学中,通过设定明确的活动目标,参与者可以清晰地理解自己在活动中所需扮演的角色和任务。这种明确性不仅增强了学习的针对性,还增加了活动的趣味性,使参与者在愉悦的氛围中掌握新的运动技能。目标设定的过程要求教师根据课程内容和学生的实际情况,制定具体的角色任务,确保每位学生都能在活动中找到适合自己的位置,充分发挥其潜能。

在角色扮演活动的设计中,角色的多样性是关键。涵盖不同运动技能和团队合作要求的角色设计,使参与者能够体验多样化的运动角色和职责。这种多样性不仅丰富了参与者的学习体验,还为他们提供了在不同情境下运用技能的机会。通过体验不同的角色,学生能够更好地理解团队合作的重要性,并在实践中提高自身的运动能力和协作技巧。这种角色多样化的设计策略,需要教师具备敏锐的观察力和创造力,以便为学生提供丰富而有意义的学习体验。

角色扮演活动对促进参与者之间的沟通与协作有着显著的效果。在活动中,参与者需要通过交流和合作来完成任务,这不仅增强了团队成员之间的信任感和归属感,还提升了整体活动的效果。通过角色扮演,学生能够在互动中学习如何有效地沟通和合作,从而在未来的团队活动中表现得更加出色。这种通过实践提升的沟通与协作能力,是现代体育教学中不可或缺的一部分,有助于学生在日常生活和工作中更好地适应团队环境。

引入情境模拟是角色扮演活动的另一大特色。通过在真实或虚拟环境中进行情境模拟,参与者可以在近似现实的条件下进行决策和解决问题。这种方法不仅提高了参与者的应变能力,还增强了他们的实际操作能力。在模拟情境中,学生能够更好地理解和应对复杂的运动情境,提升其综合素质和实践能力。这种情景模拟的设计,需要教师具备丰富的实践经验和创新能力,以确保活动的真实性和有效性。

为了确保角色扮演活动的有效性,反馈机制的建立至关重要。活动结束后,通过鼓励参与者分享个人体验与感受,教师可以帮助学生反思活动中的表现,促进相互学习和技能提升。这种反馈不仅有助于学生自我评价和改进,还为教师提供了宝贵的教学反馈信息,以便在未来的教学中不断优化角色扮演活动的设计和实施。

# 第四节 健身休闲体育教学模式的推广策略

## 一、健身休闲体育教学模式的宣传与推广渠道

### (一)媒体宣传策略

在现代信息社会中,媒体宣传策略已成为推动健身休闲体育教学模式的重要

手段。利用社交媒体平台发布相关信息,不仅能够吸引年轻群体的关注与参与,还能激发他们对健身休闲体育的兴趣和热情。社交媒体的互动性和广泛传播性,使得教学模式的信息能够迅速扩散,形成广泛的社会影响力。此外,通过视频分享网站制作和传播教学模式的宣传视频,能够生动地展示其活动形式的趣味性与多样性。这种视觉化的宣传方式,能够直观地引导观众感受健身休闲体育的魅力,从而提高他们的参与意愿。

在社区活动和学校宣传日中设立展位,是直接与潜在参与者互动的有效方式。通过面对面的交流,可以更详细地介绍健身休闲体育教学模式的优势与特点,并通过发放宣传资料,进一步提升公众对该模式的认知和理解。这种直接的互动形式,不仅能够增强公众的信任感,还能够收集他们的即时反馈,以便于后续的推广策略调整和完善。此外,利用电子邮件和新闻通信向学校、社区和企业发送定期更新,是保持与受众持续联系的有效途径。通过分享教学模式的成功故事和参与者反馈,能够增强公众对该模式的信任和兴趣,并激励更多人参与其中。

### (二)社交平台推广

社交平台在现代信息传播中扮演着至关重要的角色,利用其强大的传播能力,可以有效地推广健身休闲体育教学模式。通过社交媒体平台创建专门的健身休闲体育专题活动,能够鼓励参与者分享他们的锻炼经历和成果,从而增强社区互动。这种方式不仅能够激励参与者坚持自己的健身计划,还能通过分享的形式扩大影响力,使更多的人了解并加入健身休闲体育的行列中来。

社交平台的直播功能为推广健身休闲体育教学提供了一个极佳的渠道。定期举办线上健身课程或讲座,可以让更多人参与并了解这一教学模式的优势和具体实施方法。直播的互动性和即时性使得参与者能够实时获得反馈和指导,这对于提高参与者的兴趣和参与度具有积极的推动作用。通过这种方式,健身休闲体育教学模式可以在更广泛的范围内得到推广和普及。

为了进一步吸引用户参与,设计社交平台的挑战活动也是一种行之有效的策略。例如,"30天健身挑战"不仅能够激发用户的参与热情,还可以通过设置奖励机制来提高用户的参与度和坚持度。用户在参与挑战的过程中,可以通过社交平台分享他们的进展和成果,这种分享不仅能够激励其他用户参与,还能形成一种积极向上的社群氛围,促进健身休闲体育教学模式的传播。

借助社交平台的广告投放功能,可以精准定位目标受众,从而提高推广效率。

通过分析用户的兴趣和行为习惯,制定针对性的广告投放策略,能够有效地将健身休闲体育教学模式推广给潜在的参与者。这种精准营销不仅能够提高招募效率,还能降低推广成本,使得健身休闲体育教学模式能够在更大范围内被接受和认可。

### (三)校园活动推广

在校园内推广健身休闲体育教学模式,校园活动的设计与实施是关键环节之一。通过举办健身休闲体育节,可以有效地吸引学生参与各类体育活动。这样的活动不仅能让学生体验到体育的多样性,还能提升他们对健身休闲体育的认知与兴趣。在活动中,学生可以接触到不同类型的体育项目,从而发现自己的兴趣所在。这种多样化的体验能够激发学生对体育的热爱,进而促进他们在日常生活中积极参与健身活动。此外,体育节还为学生提供了一个展示自我的平台,增强他们的自信心和成就感。

除了实践活动,健身休闲体育的理论知识也是不可或缺的。通过组织健身休闲体育知识讲座,学校可以邀请专业人士来分享健身技巧与健康知识。这不仅能增强学生的理论基础,还能提高他们的实践能力。讲座中,专业人士可以结合自身经验,讲解科学的锻炼方法和健康的生活方式,帮助学生树立正确的健身观念。通过这样的活动,学生可以了解到健身休闲体育的深层次价值,从而在日常生活中更好地应用所学知识,提高生活质量。

设立健身休闲体育社团是校园推广策略中的另一重要组成部分。社团为学生提供了一个自主组织和参与活动的平台,鼓励他们积极参与体育活动。通过社团活动,学生可以在实践中提高自己的组织能力和领导能力,同时也能促进同学之间的互动与合作。这种互动不仅有助于提升团队精神,还能增强学生的归属感和集体荣誉感。社团活动的多样性和灵活性,使学生能够在轻松愉快的氛围中锻炼身体,培养健康的生活方式。

校园健身挑战赛是一种激励学生参与健身活动的有效方式。通过竞赛形式,学生可以在竞争中体验运动的乐趣,同时也能培养他们的竞争意识与自我挑战的精神。挑战赛提供了一个公平竞争的平台,学生可以在比赛中展现自己的体育技能和毅力。这样的活动不仅能激发学生的运动热情,还能帮助他们树立目标,增强自我管理能力。通过比赛,学生可以认识到坚持和努力的重要性,从而在日常生活中更加自律。

## 二、健身休闲体育教学模式的师资培训与支持

### (一)师资培训计划

师资培训应着重于更新教师的健身休闲体育教学理念,确保他们理解以学生为中心的教育方法和教学模式的核心价值。这不仅有助于教师在教学过程中更好地关注学生的需求和兴趣,也能促使他们在教学实践中运用更加灵活和创新的教学策略。通过系统的培训,教师能够更深入地理解如何在课程中融入学生自主学习和合作学习的元素,从而提升教学的有效性和吸引力。

培训内容的多样化是确保培训效果的关键。教师需要掌握多种教学方法和策略,以便在不同的教学情境中实施健身活动。培训应该涵盖从传统的体育项目到新兴的健身活动的组织与实施技巧,使教师能够灵活应对各种教学需求。此外,培训还应包括如何设计和实施有趣且富有挑战性的课程内容,以激发学生的参与热情和持久的兴趣。通过这些多样化的培训内容,教师能够更好地服务于学生的个性化需求,促进学生的全面发展。

建立系统的评估机制是提升培训质量的重要环节。教师需要学习如何有效评估学生的参与度、满意度及健康效果,这样才能在教学过程中及时调整策略,优化教学效果。评估机制不仅帮助教师了解学生在课程中的表现和进步,同时也为教师的自我反思和专业成长提供了依据。通过科学的评估,教师能够更清楚地认识到自身教学的优势与不足,从而在后续教学中不断改进和提升。

鼓励教师参与实践活动,通过实地观察和互动学习,是提升教师实践能力的重要手段。在真实的教学环境中,教师可以通过观察和参与各种实践活动,提升其应变能力和创新能力。这种实践活动的参与不仅能使教师更好地理解和运用所学的教学理念和策略,还能激发他们在教学中的创造力和灵活性。通过与同行的交流和合作,教师能够不断积累经验,提升自身的教学水平,从而更好地推动健身休闲体育教学模式的实施和发展。

### (二)教学资源支持

教学资源支持在健身休闲体育教学模式的推广中起着至关重要的作用。为了确保教师能够灵活选择适合不同课程的器材,以提升教学效果,提供多样化的教学器材和设备支持是必不可少的。这不仅包括传统的体育器材,还应涵盖最新

的健身设备,以适应不断变化的教学需求。多样化的器材选择可以帮助教师更好地设计课程,满足不同学生的身体素质和兴趣爱好,从而提高学生的参与度和学习效果。

建立健全的教学资源库也是支持教师发展的关键措施。资源库应包括丰富的视频教程、详细的教学手册和灵活的在线课程,以便教师能够方便地获取最新的健身知识和教学技巧。这些资源可以帮助教师不断更新自己的知识储备,适应健身休闲体育领域的快速发展。通过系统化的资源管理,教师可以更高效地规划课程内容,并根据学生的反馈进行调整和优化,确保教学质量的稳步提升。

支持教师参与专业发展培训是提升其在健身休闲体育教学中的专业能力和创新能力的重要途径。通过参加各类培训,教师能够掌握最新的教学方法和技术,增强其教学创新能力。这种持续的专业发展不仅提高了教师的教学水平,也为学生提供了更加丰富和多样化的学习体验。此外,培训项目还可以促进教师之间的交流与合作,分享经验和教学成果,形成良好的教学氛围。

整合社区和学校资源,建立合作关系,为健身休闲体育活动提供场地和设施支持,是确保活动顺利开展的重要策略。通过与社区体育中心、健身俱乐部等合作,学校可以获得更多的场地和设施资源,丰富学生的课外活动。同时,这种合作关系也有助于增强学生的社会责任感和团队合作精神,培养其终身体育锻炼的习惯。

### (三)教师交流平台

教师交流平台在健身休闲体育教学模式的推广中扮演着重要角色。通过建立一个在线教师社区,教师们可以分享各自的经验和教学资源,这不仅促进了知识的传播,也增强了教学的互助合作氛围。在这个社区中,教师们可以就教学中的困难和创新进行讨论,借鉴他人的成功经验,反思自己的教学实践。这种共享和交流的环境,有助于教师不断提升自身的教学能力和素养,从而更好地实施健身休闲体育教学模式。

为了进一步提升教师交流的便利性,开发教师交流平台的移动应用显得尤为重要。这款应用可以让教师们随时随地获取教学资料和参与讨论,不再受限于时间和空间的束缚。通过移动应用,教师能够在课余时间快速浏览最新的教学动态,与同行即时互动,分享心得体会。这种即时性和便捷性,不仅提高了教师的参与度,也加速了教学资源的更新与传播,推动了教学模式的不断改进。

设立教师反馈机制是确保教师交流平台持续优化的关键。教师们在使用平台过程中,难免会遇到功能上的不足或内容上的缺陷。通过鼓励教师对平台的功能和内容提出建议,可以及时发现并解决这些问题,确保平台的发展始终符合教师的实际需求。这种反馈机制,不仅提升了教师的参与感,也为平台的改进提供了源源不断的动力,使其成为一个真正服务于教师的交流工具。

组织跨校交流活动也是促进教师交流的重要方式。通过面对面的交流与学习,教师们可以分享不同学校的教学方法和经验,拓展自己的视野。这种跨校交流,不仅有助于教师了解不同的教学环境和学生特点,还能激发他们的创新思维和教学热情。

## 三、健身休闲体育教学模式的社区合作与资源共享

### (一)社区体育设施共享

社区体育设施共享是提升健身休闲体育教学模式的重要策略之一。社区应通过建立共享平台,鼓励居民共同使用体育设施,从而提升这些设施的利用率和维护效率。共享平台不仅可以有效整合资源,还能通过信息化手段提升管理水平。通过社区合作,整合周边学校、企业和健身中心的资源,实现体育设施的互通共享,能够显著扩大服务范围,为更多居民提供便利的体育锻炼条件。这种资源的整合和共享,不仅可以降低体育设施的运营成本,还能提高设施的使用效率,形成良性循环。

定期举办社区活动是增强居民对共享体育设施认知和使用意愿的重要途径。通过丰富多样的活动,社区可以吸引更多居民参与,进而提高他们对共享体育设施的认知度和使用意愿。这不仅有助于提升社区体育活动的参与度,还能增强社区凝聚力。社区活动的成功举办需要精心策划和组织,确保活动内容的多样性和趣味性,以满足不同人群的需求。此外,活动的宣传和推广也是关键,借助各种媒介和渠道,扩大活动影响力,吸引更多居民参与。

制定相关政策是保障共享体育设施安全性和可及性的基础。政策的制定应考虑到居民在使用过程中的权益和安全,确保每位居民都能公平、安全地使用设施。具体措施包括设施的日常维护和管理、使用规则的制定与执行及安全隐患的及时排查和处理。此外,政策的实施还需得到居民的广泛支持和配合,通过公开透明的政策制定过程,增强居民的参与感和责任感,形成良好的社区治理氛围。

利用现代科技手段,如手机应用程序,是提升共享体育设施使用体验和管理

效率的有效方法。通过开发专门的手机应用程序,居民可以方便地预约和使用共享体育设施,享受更便捷的服务体验。这种科技手段不仅可以优化设施的使用流程,还能通过数据分析,帮助社区更好地了解居民的需求和使用习惯,从而不断改进服务质量。

### (二)校企合作模式

校企合作模式在健身休闲体育教学中的应用,是现代教育与市场需求相结合的重要举措。通过建立企业与学校的合作机制,双方可以共同开发健身休闲体育课程,从而确保课程内容与市场需求相匹配。这种合作不仅能为学生提供更贴近实际的学习内容,也能让企业在课程设计中融入行业最新动态和技术,提升课程的实用性和前瞻性。通过这种合作,学校的课程设置能够更灵活地适应行业变化,培养出更符合市场需求的人才,同时也为企业提供了一个提前接触潜在员工的平台。

企业在校企合作中扮演着重要的角色,特别是在提供专业的健身器材和设施支持方面。企业可以利用自身的资源优势,为学校提供先进的健身设施,提升学校体育教学的硬件条件。这不仅能够改善学生的学习环境,提高教学质量,也能激发学生的学习兴趣和参与热情。通过这种硬件条件的提升,学校可以开展更多样化的体育课程和活动,进一步丰富学生的学习体验,促进学生的全面发展。

校企合作还为学生提供了实习和就业机会,促进了学生的职业发展与实践能力。在这种合作模式下,企业可以为学生提供实习岗位,使他们在真实的工作环境中积累经验,增强实践能力。这种实践经历不仅有助于学生在毕业后更快适应职场,也为企业提供了一个选拔优秀人才的机会。通过这种双赢的合作,学生不仅能够提升自身的职业素养,还能在毕业前就建立起与行业的联系,为未来的职业发展打下坚实基础。

定期举办校企联合的健身活动和赛事,是增强学生团队合作意识和社会责任感的有效途径。这种活动不仅能够丰富学生的课余生活,提升其身体素质,还能通过团队协作的方式,增强学生的团队合作意识。在赛事中,学生需要分工合作、相互配合,这种经历能够培养他们的团队精神和领导能力。此外,通过参与这些活动,学生也能更深刻地理解社会责任感的重要性,为他们未来走向社会做好准备。

建立信息共享平台是促进学校与企业在健身休闲体育领域的资源和经验交流的重要手段。通过这种平台,学校和企业可以及时分享行业动态、教学资源和经验心得,从而提高教学质量和参与度。这种信息共享不仅能帮助学校及时更新教学内容,保持教学的前沿性,也能让企业了解学校的教学需求和学生的学习情况,进一步优化合作模式。

### (三)志愿者参与机制

在健身休闲体育教学模式的推广中,志愿者参与机制的建立至关重要。通过有效的招募机制,可以吸引热爱健身与体育活动的社区成员加入,形成多元化的志愿者团队。这不仅丰富了活动的人员构成,也为社区成员提供了参与公共事务的机会。通过精心设计的招募机制,能够将那些对体育有热情且愿意贡献时间与精力的人聚集在一起,为健身休闲体育活动的顺利开展提供人力支持。

为了确保志愿者能够在活动中发挥积极作用,定期的培训是必不可少的。这些培训旨在提升志愿者的专业技能和服务意识,使其能够有效支持活动参与者。通过培训,志愿者不仅可以学习到如何更好地协助活动的组织与开展,还能增强其在应对突发情况时的能力。这种专业化的培训体系,不仅提高了志愿者的服务质量,也为活动的成功提供了保障。

激励机制的设计是增强志愿者积极性与归属感的重要手段。通过表彰、颁发证书以及给予活动优先参与权等方式,可以有效激励志愿者的参与热情。这些激励措施不仅是对志愿者贡献的认可,更是一种情感上的支持,使他们感受到自身价值的实现。同时,这种机制也有助于维持志愿者的长期参与,为健身休闲体育教学模式的可持续发展提供了动力。

志愿者反馈渠道的建立同样不可忽视。通过鼓励志愿者分享其参与体验与建议,可以不断优化志愿服务活动的质量与效果。这种反馈机制不仅有助于活动组织者了解志愿者的真实感受和需求,也为活动的改进提供了宝贵的意见。通过吸纳志愿者的建议,可以使活动更加贴近参与者的需求,从而提高活动的吸引力与扩大影响力。

# 第六章 信息化体育教学模式

## 第一节 信息化体育教学的技术支撑

### 一、信息化教学设备的选择与配置

#### (一)设备类型选择

在信息化体育教学中,设备的选择与配置直接影响教学的效果和学生的学习体验。选择合适的设备类型是构建有效信息化体育教学环境的基础。智能设备的选择,如平板电脑和智能手机,能够让学生随时随地进行学习和练习。这些设备不仅便于携带,还能通过各种应用程序提供丰富的学习资源和互动功能,提高学生的学习积极性和参与度。此外,运动监测设备的配置也至关重要。包括可穿戴设备和传感器在内的运动监测设备,能够实时跟踪学生的运动表现,帮助教师及时调整教学策略,提高教学的针对性和有效性。

多媒体教学设备的整合是信息化体育教学的另一关键环节。投影仪和互动白板等设备的使用,可以增强课堂教学的互动性和趣味性,吸引学生的注意力,提升教学效果。这些设备不仅可以展示丰富的教学内容,还能通过互动功能促进师生之间的交流与合作,增强学生的学习体验。虚拟现实和增强现实技术的应用,为学生提供了沉浸式的体育教学体验。这些技术通过模拟真实的运动环境,使学生能够在安全的虚拟空间中进行练习和探索,培养他们的运动技能和创新能力。

网络平台的搭建与选择也是信息化体育教学不可或缺的一部分。一个功能强大的网络平台可以支持在线课程和资源共享,促进师生之间的互动交流。这些平台不仅提供丰富的教学资源,还能通过在线讨论、作业提交和反馈等功能,增强学生的学习自主性和协作能力。

#### (二)配置标准

在信息化体育教学中,设备的配置标准至关重要。首先,信息化体育教学设备的性能标准必须得到严格把控。设备的响应速度、续航能力和耐用性直接影响到教学的稳定性和可靠性。快速的响应速度可以保证教学活动的流畅进行,而良好的续航能力则确保设备能够支持长时间的教学使用。此外,设备的耐用性是保障教学活动长期有效开展的基础,能够减少设备故障带来的教学中断。

设备的兼容性要求同样不可忽视。在多样化的教学环境中,不同类型的设备需要无缝连接和协同工作,以提高整体教学效率。兼容性好的设备能够与现有的教学系统、软件和其他硬件设备进行有效整合,减少技术障碍对教学活动的影响,从而为师生创造一个高效的学习环境。这种兼容性不仅体现在硬件层面,也包括软件的兼容性和数据的互操作性。

用户友好的操作界面设计是信息化体育教学设备的重要标准之一。一个直观且易于操作的界面设计能够让教师和学生快速上手,减少学习成本和技术使用的门槛。这样的设计应包括清晰的界面布局、简单的操作流程和易于理解的使用说明。这不仅提升了设备的使用体验,也在一定程度上提高了教学的效率和效果。

在信息化设备的使用过程中,数据安全与隐私保护标准尤为重要。确保学生的运动数据和个人信息在使用过程中得到妥善保护是信息化体育教学的基本要求。设备应具备先进的数据加密技术和严格的访问控制措施,以防止数据泄露和未经授权的访问。同时,设备供应商和使用方应遵循相关法律法规,确保信息安全管理的合规性。

设备的维护与更新标准是保证信息化体育教学设备长期有效运行的关键。定期检查和升级设备可以适应技术发展的需求和教学的变化。设备的维护包括硬件的清洁和保养、软件的更新和漏洞修补等。通过建立完善的设备管理制度,确保设备始终处于最佳运行状态,从而支持高质量的教学活动。

## 二、体育教学软件的开发与应用

### (一)软件功能设计

体育教学软件的功能设计是信息化体育教学模式中不可或缺的一环。体育教学软件的用户界面设计应当遵循简便易用的原则,以确保教师和学生能够快速上手。直观的界面不仅能够提高教学效率,还能降低学习的门槛,使得不同技术水平的用户都能轻松操作。通过简化操作流程和提供清晰的导航,软件能够更好地支持教学活动的开展。此外,界面设计还应考虑到不同设备的兼容性,以适应多样化的教学环境。

运动数据分析功能是体育教学软件的核心,它能够实时跟踪学生的运动表现,并提供个性化的反馈。这一功能不仅能够帮助教师全面掌握学生的学习进度,还能为学生提供及时的改进建议。通过数据分析,教师可以识别学生在运动中的优势与不足,从而制定更加科学的教学计划。个性化反馈机制的引入,使得每位学生都能获得量身定制的指导,促进其运动能力的全面提升。

课程管理模块是体育教学软件的重要组成部分,它支持教师制定和调整课程计划,方便资源的组织与调配。通过这一模块,教师可以根据学生的实际情况灵活调整教学内容和进度,最大化地利用教学资源。课程管理模块不仅提高了教学计划的灵活性,还增强了教学资源的可控性和可持续性,为教师提供了强有力的支持。

互动学习功能在信息化体育教学中扮演着重要的角色,它能够增强师生之间的交流与合作,促进团队合作精神。通过互动学习功能,学生可以在虚拟环境中进行合作练习,分享经验和见解,提升整体的学习效果。教师也可以通过这一功能及时了解学生的学习动态,提供针对性的指导和支持,营造良好的教学氛围。

### (二)用户界面优化

在信息化体育教学中,用户界面的优化是提升教学效果和用户体验的关键因素。用户界面的响应速度优化至关重要,确保操作流畅,减少等待时间是提高用户体验的核心。快速响应不仅可以提高用户的满意度,还能够在教学过程中保持学生的注意力,避免因界面卡顿而导致的分心。通过使用高效的后台处理技术和优化前端代码,开发者可以有效缩短响应时间,从而为用户提供一个更加顺畅的操作环境。

界面布局的合理性同样是用户界面优化的重要方面。信息层次清晰、功能分布合理的界面设计能够帮助用户快速找到所需功能,减少不必要的操作步骤。在体育教学软件中,界面布局需要特别考虑到体育项目的特殊性和教学内容的复杂性。通过对界面元素的精心排列和功能模块的合理分区,用户可以在最短的时间内掌握软件的使用方法,提高教学效率。此外,直观的导航和清晰的功能指引也是界面布局优化的重要组成部分。

视觉设计的美观性在用户界面优化中起着重要作用。采用符合体育主题的色彩和图形,不仅可以增强用户的使用兴趣,还能提升软件的整体视觉吸引力。在设计过程中,开发者应结合体育项目的特点,选择合适的色彩搭配和图形设计,以创造出一个既美观又实用的界面。同时,视觉元素的统一性和一致性也有助于提升用户的认知体验,使用户在使用过程中感受到一种和谐与专业的氛围。

为了提升用户的操作便捷性,增加辅助功能如语音识别和手势操作是一个有效的策略。这些功能不仅可以为用户提供多样化的操作方式,还能在特定的体育教学场景中发挥重要作用。例如,在进行体能训练时,用户可以通过语音指令或手势完成操作,避免因手忙脚乱而影响训练效果。这些创新功能的引入,不仅丰富了用户的操作体验,也为信息化体育教学带来了更多的可能性。

### (三)应用场景分析

信息化体育教学模式的应用场景丰富多样,涵盖课堂内外的多种教学活动。在课堂教学中,多媒体设备的使用极大地丰富了理论知识的讲解方式。通过视频示范,抽象的运动技能和概念得以形象化,帮助学生更直观地理解和掌握。此外,这些设备还支持教师进行实时互动,提高学生的参与度和注意力。信息化技术不仅改变了传统的教学方式,还为教师提供了更为灵活的教学策略,能够根据学生的反馈及时调整教学内容和节奏,显著提升了教学效果。

课外体育活动同样受益于信息化技术的发展,运动监测设备的使用成为其中的亮点。这些设备能够实时收集学生的运动数据,如心率、步数、运动轨迹等,为学生的训练提供科学依据。基于这些数据,教师可以帮助学生制定个性化的训练计划,关注每个学生的独特需求和发展潜力。这种个性化的教学方式不仅提高了学生的运动能力,也激发了他们参与体育活动的积极性,使得体育教学不再局限于课堂,而是延伸到学生的日常生活中,形成了一种全新的教学生态。

在线课程平台的应用为体育教学提供了更多的自主学习机会。学生可以利用这些平台在家中通过网络参加体育课程,打破了时间和空间的限制。这种学习模式不仅提高了学生的学习自主性,还培养了他们的自律能力。通过在线平台,学生可以根据自己的学习进度和兴趣选择合适的课程内容,同时,教师也可以通过平台对学生的学习情况进行跟踪和指导。在线课程平台的普及使得体育教学更加灵活和多样化,满足了不同学生的学习需求。

虚拟现实技术的引入为体育教学带来了全新的体验。通过模拟比赛环境,学生可以在虚拟场景中进行实战演练,提升他们的实战能力和心理素质。这种技术不仅为学生提供了安全的练习环境,还能通过虚拟场景的变化提升他们的反应能力和战术意识。虚拟现实技术的应用使得学生能够在不受场地限制的情况下,体验到真实的比赛氛围,极大地提高了他们的学习兴趣和参与度。

体育教学软件在比赛评估中的应用为教师提供了强有力的支持。通过这些软件,教师可以实时记录和分析学生在比赛中的表现,识别他们的优点和不足。基于这些数据,教师能够为学生制定针对性的训练计划,帮助他们在短时间内提高竞技水平。这种基于数据的评估方式不仅提高了教学的科学性和精准性,还增强了学生的竞争意识和自我提升的动力。

## 三、网络技术在体育教学中的应用

### (一)在线教学平台

在线教学平台在现代体育教学中的应用日益广泛,它不仅提供了便捷的学习途径,还极大地提升了教学效率和效果。首先,在线教学平台的构建需要遵循一系列原则,以确保其用户友好性、稳定性和可扩展性。这些原则是为了满足不同用户的需求,尤其是在体育教学中,用户可能包括教师、学生以及其他教育工作者。用户友好性确保了平台的易用性,使得教师和学生能够快速上手并有效利用平台资源;稳定性则保证了平台在高负载下的正常运行,避免因技术故障而影响教学进度;而可扩展性则为未来的功能扩展和用户增长提供了可能性,确保平台能够适应不断变化的教育需求。

在线教学平台的内容管理系统是其核心组成部分之一,支持教师上传课程资料、视频和作业。这一功能的设计旨在便于学生随时访问学习资源,从而实现灵活的学习方式。在体育教学中,教师可以通过平台上传各种体育技能的视频示范、理论知识的讲解以及课后作业,学生则可以根据自己的学习进度随时进行复习和巩固。此外,内容管理系统还支持多媒体资源的整合,丰富了教学内容的呈现形式,增强了学生的学习体验。

实时互动功能是在线教学平台的另一重要特性,它通过在线问答和讨论区的设计,增强了师生间的交流与反馈,提高了学习效果。在体育教学中,实时互动功能可以用于课堂上的即时答疑、讨论体育赛事的战术分析等。这种互动不仅有助于学生更好地理解和掌握教学内容,还能激发他们的学习兴趣和积极性。同时,教师也可以通过这些互动及时了解学生的学习状态和困难,进而调整教学策略,提供更有针对性的指导。

在线教学平台的数据分析功能为教师提供了强大的支持,帮助他们跟踪学生的学习进度和参与度。通过对学生学习行为的数据分析,教师可以获取到学生在学习过程中的表现和问题,从而进行有针对性的教学调整。例如,教师可以根据学生的作业完成情况、视频观看时长和参与讨论的活跃度等数据,评估教学效果并优化教学方法。这种基于数据的教学策略调整,不仅提高了教学的精准性,还为个性化教学提供了可能。

### (二)实时互动技术

实时互动技术在现代体育教学中扮演着至关重要的角色。这项技术的核心在于通过互联网实现师生之间的实时交流与互动,打破了传统教学中信息传递的时空限制。实时互动技术不仅仅是简单的沟通工具,它为体育教学提供了一个动态的、互动的学习环境,使得教学过程更加生动和高效。这种技术的应用在推动体育教学革新方面具有不可替代的作用,因为它能够在短时间内迅速传递信息,增强教学的灵活性和响应速度。

实时互动技术的基本定义涉及通过网络平台实现教师与学生之间的即时交流与反馈。这在体育教学中尤为重要,因为体育课程通常需要快速的指导和调整。实时互动技术使教师能够及时了解学生的掌握情况,并根据反馈调整教学策略。例如,在体育课堂中,教师可以利用即时问答和投票功能来评估学生对某项运动技能的理解程度。这不仅提高了课堂的互动性,也帮助教师更好地掌握学生的学习动态,从而提高教学效果。

在课堂中,实时互动技术的应用实例丰富多样。即时问答功能允许学生在学习过程中随时提出问题,教师可以立即解答,这种互动方式有效地提高了学生的参与度。此外,投票功能可以用于课堂讨论或决策,让学生在讨论中表达自己的观点,增强课堂的民主氛围。这些技术手段不仅活跃了课堂气氛,还培养了学生的批判性思维和表达能力,使他们在学习过程中更加主动和积极。

实时互动技术对学生的学习动机和参与度有着显著的影响。通过实时的反馈和互动,学生能够更清晰地看到自己的进步与不足,从而激发学习兴趣和动力。与传统的单向信息传递相比,实时互动技术提供了一个双向沟通的平台,使学生在学习过程中感受到更多的关注和支持。这种互动性不仅提高了学生的学习效率,还增强了他们对课程的投入度和持续学习的意愿。

在课外训练中,实时互动技术同样发挥着重要作用。通过在线平台,学生可以与教练进行即时的沟通和反馈,获取个性化的指导和建议。这种实时的交流方式有效地缩短了学生与教练之间的距离,使得课外训练更加有针对性和高效性。此外,学生在训练过程中遇到的问题可以立即得到解决,从而避免错误习惯的养成,提升训练效果和运动技能。

### (三)数据传输安全

在信息化体育教学模式中,确保数据传输的安全性是至关重要的。数据加密技术的应用在其中扮演着关键角色。通过加密技术,可以确保在信息传输过程中,运动数据和个人信息不被未授权访问或篡改。这不仅保护了学生和教师的隐私,还维护了数据的完整性,防止在传输过程中被恶意篡改。加密技术的发展起源于计算机科学领域,其在体育教学中的应用显示了技术与教育的深度融合,为信息化教学提供了坚实的技术保障。

用户身份验证机制的建立是保障数据传输安全的另一重要手段。通过多重身份验证手段,确保只有合法用户能够访问和使用平台资源。这种机制不仅提高了系统的安全性,还增强了用户的信任度。身份验证技术在国内外的应用差异明显,国内更多地结合实际应用场景进行调整,以满足不同用户群体的需求。身份验证机制的有效性直接关系到信息化体育教学平台的安全性和用户体验,是当前技术支撑的重要组成部分。

传输协议的安全性是信息化体育教学中不可忽视的环节。使用安全的传输协议(如HTTPS)来保障数据在网络传输过程中的安全性和完整性。这些协议通过加密数据流,防止数据在传输过程中被截获或篡改。传输协议的历史演进显示出技术的不断进步与完善,为信息化教学提供了更为安全的网络环境。对传输协议安全性的关注,是确保信息化体育教学顺利实施的重要保障。

数据备份与恢复策略在信息化体育教学中同样至关重要。定期对重要数据进行备份,以防止因系统故障或网络攻击导致数据丢失。数据备份的策略不仅要考虑到备份的频率和存储的安全性,还需制定详细的数据恢复计划,以确保在数据丢失时能够快速恢复。备份与恢复策略的有效性直接影响到信息化体育教学的连续性和稳定性,是技术支撑中不可或缺的一部分。

## 四、数据分析技术在体育教学中的支持

### (一)数据采集方法

在现代信息化体育教学中,数据采集方法的多样化为精准教学提供了有力支持。运动监测设备的使用尤为重要,这些设备通过可穿戴技术实时收集学生的运动数据,如心率、步数和运动时间等。这种实时数据不仅能够帮助教师动态了解

学生的运动状态,还能为个性化教学提供科学依据。通过对这些数据的分析,教师可以及时调整教学内容和强度,以更好地满足不同学生的需求。此外,这些设备的普及也推动了学生自我监测和自我管理能力的提升。

问卷调查法是另一种常用的数据采集方法,通过设计针对学生运动习惯和兴趣的问卷,收集定量和定性数据。这种方法不仅能够揭示学生的运动需求和偏好,还能为教学设计提供重要参考。通过对问卷数据的分析,教师可以更好地理解学生的心理和行为特征,从而制定更符合学生兴趣的教学计划。问卷调查法的优势在于其灵活性和广泛适用性,能够有效捕捉学生在体育活动中的主观体验和态度。

视频录制技术在体育教学中也发挥着重要作用。利用摄像设备记录学生在体育活动中的表现,可以为教师提供直观的教学反馈。这种技术不仅能够帮助教师分析学生的运动技巧和动作姿态,还能为学生提供可视化的学习资料。通过对视频的回放和分析,教师可以识别学生在运动中的不足之处,并针对性地进行指导和纠正。这种方法不仅提高了教学的针对性和有效性,还促进了学生的自我反思和自我提升。

传感器技术的应用为体育教学的数据分析带来了新的可能。通过各种传感器(如加速度计和陀螺仪),可以捕捉学生的运动轨迹和动作姿态,实现精细化的数据分析。这种技术能够提供比传统方法更为详细和准确的运动数据,为教学提供科学依据。传感器技术的优势在于其高精度和高可靠性,能够为个性化教学提供强有力的技术支持。通过对传感器数据的分析,教师可以更好地了解学生的运动能力和发展潜力。

## (二)数据处理工具

在信息化体育教学中,数据处理工具的选择与应用至关重要。这些工具不仅能够高效处理和分析大量的运动数据,还能提供直观的结果展示,帮助教师更好地理解学生的运动表现。数据处理软件的选择应考虑其处理能力、易用性以及与其他系统的兼容性,以确保能够满足不同教学场景的需求。此外,软件的应用还需要关注其对数据安全的保障,防止学生隐私数据的泄露。通过合理选择和应用数据处理工具,教师可以更高效地管理和分析运动数据,为个性化教学和训练提供有力支持。

统计分析工具的使用在体育教学中也扮演着重要角色。通过利用统计方法对运动数据进行深入分析,教师能够识别学生的运动趋势和能力差异,从而制定更有针对性的教学和训练计划。这些工具不仅能够帮助教师进行数据的定量分析,还能揭示学生在运动过程中潜在的进步空间和不足之处。在教学实践中,教师可以通过对比分析不同学生或不同时间段的数据,找出影响运动表现的关键因素,并据此调整教学策略,以提升整体教学效果。

可视化工具的应用为运动数据的展示提供了极大的便利。通过图表和图形的直观展示,教师和学生能够更直观地理解运动表现和数据变化趋势。这些工具可以将复杂的数据转化为易于理解的视觉信息,使得教学反馈更加生动和具体。在课堂上,教师可以利用可视化工具展示学生的运动数据,帮助学生更好地理解自己的运动表现,并激发他们的学习兴趣和积极性。同时,这种直观的展示方式也有助于促进学生之间的相互交流和学习。

机器学习算法的引入为体育教学中的数据分析增添了新的可能性。通过数据挖掘技术,教师可以分析运动数据,提供个性化的训练建议和改进方案。这些算法能够从大量的数据中提取有价值的信息,帮助教师识别学生的个性化需求和潜在的运动天赋,从而制定更具针对性的教学计划。通过机器学习,教师不仅可以提高教学的效率和效果,还能为学生提供更加个性化的学习体验,促进他们的全面发展。

数据报告生成工具的开发为教师与学生之间的结果讨论和反馈提供了便利。通过自动生成运动数据分析报告,教师可以快速获得学生的运动表现概况,并与学生进行详细的结果讨论。这些报告不仅能够帮助教师总结教学成果,还能为学生提供明确的改进方向和目标。通过数据报告,教师可以更好地跟踪学生的进步情况,并根据分析结果调整教学策略,以实现更优的教学效果。

### (三)数据可视化技术

数据可视化技术在现代体育教学中扮演着至关重要的角色。其基本概念是通过图形化的方式展示复杂的数据,使用户能够更直观地理解和分析这些信息。体育教学中,数据可视化可以帮助教师和学生更好地理解运动表现和训练效果。例如,通过将复杂的运动数据转化为易于理解的图表和图形,教师能够迅速识别学生的运动模式和潜在问题。这种可视化的方式不仅提高了数据的可读性,也为教学提供了更为科学的依据。

运动数据可视化工具的多样性为体育教学提供了丰富的选择,包括图表、热图和动态图形等。这些工具能够帮助教师和学生直观地把握运动表现,促进教学质量的提升。图表可以用来展示学生在不同时间段的运动成绩变化,热图则可以突出显示身体不同部位的运动强度,而动态图形则能够动态展示运动过程中的细微变化。这些可视化工具不仅提高了数据分析的效率,也为教师提供了更直观的教学手段,使得教学过程更加生动有趣。

在个性化训练中,数据可视化技术的应用尤为显著。通过将学生的运动进展以可视化的方式展示,教师可以更精准地制定针对性的训练方案。可视化的运动数据能够清晰地展示学生在训练中的进步和不足之处,使得教师能够根据每个学生的具体情况调整训练内容和强度。这种个性化的训练方式不仅提高了训练的效率,也增强了学生的学习体验,使得每个学生都能在适合自己的节奏中进步。

实时数据可视化的实现是现代体育教学中的一大突破。结合传感器和运动监测设备,教师和学生能够获得即时的运动反馈。通过实时数据的可视化展示,学生可以立即了解到自己的运动表现,并根据反馈进行调整。这种即时反馈机制不仅提高了学生的自主学习能力,也增强了他们对运动的兴趣和投入。在课堂上,教师可以利用实时数据进行动态调整,确保每个学生都能在最佳状态下参与训练。

数据可视化在团队合作中的作用同样不可忽视。通过展示团队整体的运动表现,数据可视化技术促进了队员之间的交流与协作。在团队训练中,教师可以利用可视化的数据展示团队的整体进展和个别队员的表现,从而推动团队成员之间的相互学习和支持。

# 第二节 信息化体育教学的资源整合

## 一、信息化体育教学资源的分类与特点

### (一)资源类型划分

信息化体育教学资源的类型划分是实现高效教学的基础。首先,数字化教学资源在信息化体育教学中占据重要地位。这类资源包括在线课程、电子教材和教学视频,旨在为学生提供丰富的学习材料和多样化的学习方式。这些资源不仅可以帮助学生随时随地获取知识,还能通过多媒体手段增强学习效果。通过对这些资源的有效整合,教师可以设计出更具吸引力和互动性的课程,满足不同学生的学习需求。

运动数据资源是信息化体育教学中不可或缺的一部分。通过可穿戴设备和传感器收集的运动数据，教师可以详细分析学生的运动表现和健康状况。这些数据不仅为个性化教学提供了基础，还能帮助教师在教学中及时调整策略，以提高学生的运动技能和健康水平。运动数据的应用，使得体育教学从传统的经验判断向数据驱动转变，为实现科学化教学提供了可能。

互动性学习资源在信息化体育教学中发挥着重要作用。在线讨论平台和社交媒体群组等资源，极大地促进了师生之间的交流与合作，增强了学习的参与感。通过这些平台，学生可以分享学习心得，提出问题并获得及时反馈，形成良好的学习氛围。此外，教师也可以通过这些平台了解学生的学习动态，及时调整教学内容和方法，以提高教学效果。

虚拟现实与增强现实资源利用先进技术创建沉浸式的学习环境，帮助学生更好地理解和掌握运动技能。这些技术通过模拟真实的运动场景，使学生能够在安全的环境中练习和提高技能。虚拟现实和增强现实不仅提高了学生的学习兴趣，还为教师提供了创新的教学方法，推动了体育教学模式的变革。这些技术的应用，标志着信息化体育教学进入了一个全新的阶段。

### (二)资源特点分析

数字化教学资源在信息化体育教学中扮演着至关重要的角色。其灵活性是其显著特点之一，能够使学生按照自己的学习节奏和时间安排自主学习。这种灵活性不仅提高了学习效率，还为学生提供了个性化学习的可能性。在传统教学模式中，学生往往被动地接受知识，而数字化教学资源的出现，改变了这种单向的知识传递方式。通过数字化平台，学生可以根据自己的兴趣和需求选择学习内容，这种自由度使得学习过程更具主动性和趣味性，从而促进了学生的全面发展。

运动数据资源的引入，为信息化体育教学提供了新的视角。通过对运动表现的客观分析，教师和学生能够更清晰地识别个体差异。这种数据驱动的分析方法，使得教学和训练方案的制定更加科学和个性化。教师可以根据学生的实际情况，调整训练强度和内容，而学生也可以通过数据反馈，了解自己的进步和不足。这种基于数据的教学方法，打破了传统体育教学中"一刀切"的模式，为每个学生提供了量身定制的学习路径。

互动性学习资源的应用，极大地增强了师生之间的实时交流。在信息化体育教学中，互动性资源不仅促进了师生之间的沟通，还推动了学习社区的形成。通过在线平台，学生可以随时与教师和同学交流，分享学习经验和心得。这种实时互动不仅提高了学生的参与感和归属感,还激发了学生的学习热情。在这种充满互动的学习环境中,学生不再是孤立的个体,而是学习社区的一部分,这种归属感对学生的学习效果有着积极的影响。

虚拟现实和增强现实资源的应用,为学生提供了沉浸式的学习体验。这些技术通过逼真的模拟环境,帮助学生更好地理解和掌握运动技能。通过虚拟现实技术,学生可以在安全的环境中进行运动技能的练习和体验,而增强现实技术则可以将虚拟信息叠加到现实环境中,提供更为直观的学习体验。这些技术的应用,不仅激发了学生的学习兴趣,还提高了他们对运动技能的理解和掌握程度,为信息化体育教学注入了新的活力。

## 二、信息化体育教学资源的获取与共享

### (一)获取渠道分析

在信息化体育教学中,教师不仅需要具备专业的体育知识,还需要通过各种渠道获取最新的教学资源,以确保教学内容的时效性和科学性。通过专业的体育研究机构和组织,教师能够获取最新的运动数据和研究成果。这些机构通常拥有先进的研究设施和专业的研究团队,能够提供前沿的运动科学知识和技术支持。这些资源不仅能够帮助教师更新教学内容,还能优化教学方法,提高教学效果。此外,这些研究成果也为学生提供了更为科学的学习材料,帮助他们更好地理解和掌握体育知识。

社交媒体和在线社区在信息化体育教学资源的获取和共享中发挥着重要作用。它们为教师和学生提供了一个互动平台,通过这个平台,用户可以方便地分享和交流各类体育教学资源和经验。教师可以在这些平台上发布教学视频、课件和教学心得,学生则可以通过评论和讨论的方式与教师和同学互动。这种互动不仅有助于资源的快速传播和共享,还能促进教师和学生之间的交流与合作,激发学生的学习兴趣和动力。同时,社交媒体和在线社区的开放性和广泛性也为教师提供了一个获取全球最新体育教学资源的机会。

学校与企业的合作是获取信息化体育教学资源的另一重要渠道。通过与企业的合作,学校可以借助企业的技术和设备,获取先进的运动监测设备和软件。这些设备和软件不仅能够提升教学效果,还能为学生提供更为直观和真实的运动体验。例如,使用虚拟现实技术模拟真实的运动场景,可以帮助学生更好地理解

和掌握复杂的运动技能。此外,企业还可以为学校提供技术培训和支持,帮助教师更好地使用这些设备和软件,提高教学水平。

通过网络研讨会和在线课程,教师可以参与专业培训,获取最新的体育教学理念和资源。这些在线学习平台通常由行业专家和知名学者主讲,内容涵盖最新的教学方法、运动科学研究成果以及教育技术应用等多个方面。通过参与这些在线培训,教师不仅可以更新自己的知识结构,还可以与同行交流经验,分享教学心得。这种持续的学习和交流有助于教师不断提升自身的教学能力,为学生提供更优质的教学服务。

### (二)共享平台介绍

信息化体育教学模式的蓬勃发展离不开一个高效的共享平台。共享平台在信息化体育教学中扮演着至关重要的角色,它不仅是资源的集散地,更是师生之间互动交流的桥梁。通过共享平台,教师和学生能够便捷地获取所需的教学资料,从而提升教学效率和学习效果。共享平台的设计理念旨在促进资源的高效流通和知识的广泛传播,使得教学资源能够在更大范围内被充分利用。

共享平台的功能设计是其成功的关键。平台提供了资源上传和下载的功能,使得教师能够轻松地将自己的教学资料上传供他人使用,同时也可以下载其他教师共享的优质资源。此外,平台还支持在线互动功能,教师和学生可以通过该功能进行实时交流,分享教学经验和学习心得。这种互动不仅增强了教师之间的合作,也促进了学生之间的学习交流,为信息化体育教学创造了一个良好的学习氛围。

为了保障共享平台的正常运作,用户管理系统的设计至关重要。该系统确保了不同用户的权限设置,从而保护教学资源的安全与隐私。教师和学生在使用平台时,能够根据其权限访问相应的资源和功能,避免了资源的滥用和信息的泄露。通过严格的用户管理,平台能够为用户提供一个安全、可靠的使用环境,增强用户的信任感和使用意愿。

共享平台的技术支持与维护是平台顺畅运行的保障。平台提供了稳定的网络环境和及时的技术支持,确保用户在使用过程中能够获得良好的体验。无论是资源上传下载,还是在线互动,平台都力求为用户提供流畅的操作体验。此外,平台的技术团队还会定期进行系统维护和更新,以应对可能出现的技术问题,确保平台的稳定性和可靠性。

为了不断提升共享平台的使用效果,平台设立了评估与反馈机制。该机制通过收集用户的使用体验和建议,为平台的优化提供了重要依据。用户可以在使用过程中反馈遇到的问题和改进建议,平台则根据这些反馈不断优化功能设计和资源质量。这种持续的改进过程不仅提升了平台的用户体验,也促进了资源的质量提升和使用效率的提高。

### (三)共享机制探讨

在信息化体育教学中,资源共享机制的探讨是确保教学资源有效利用的重要环节。共享机制的设计应充分考虑教师和学生的参与度,鼓励双方积极上传和分享教学资源,形成良性的资源循环。通过这种方式,不仅可以丰富资源库,还能促进教学资源的多样化,满足不同教学需求。在设计共享机制时,需特别关注教师和学生的互动,以便在资源共享过程中实现知识的双向流动和创新。

为了激励教师和学生贡献优质资源,建立资源共享的激励机制是必不可少的。积分制度或奖励系统可以作为有效的激励手段,鼓励用户积极参与资源上传和分享。这种机制不仅能增强平台的活跃度,还能提高资源的质量和数量。通过奖励机制,用户在贡献资源的同时,也能获得相应的回报,从而形成一种良性循环,推动信息化体育教学资源的持续更新和优化。

定期组织线上线下的交流活动是促进教师和学生互动与合作的有效途径。这些活动可以提升资源共享的意识和热情,使参与者在交流中碰撞出新的教学思路和方法。通过交流活动,教师和学生可以分享各自的经验和见解,促进资源的深度理解和应用。此外,这种互动也有助于建立更加紧密的教学社区,提升整体教学质量和效果。

制定明确的资源审核与反馈流程是确保共享资源质量和适用性的关键。只有通过严格的审核流程,才能维护平台的信誉与用户体验。反馈机制则可以帮助资源贡献者不断改进和完善其提供的内容,确保资源的持续改进和优化。通过这种机制,平台可以有效地控制资源的质量,保证用户在使用过程中获得最佳的体验。

## 三、信息化体育教学资源的整合策略

### (一)资源整合方法

在信息化体育教学中,资源整合方法的选择至关重要。建立多元化的资源整合平台是关键一步,这个平台应能够有效整合各类数字化教学资源、运动数据和互动学习资源。这不仅便于教师和学生的访问与使用,也能极大地提高教学效率。通过这样的整合平台,教师可以轻松获取所需的教学资源,学生也能在课后进行自主学习和练习,从而实现教学资源的最大化利用。此外,这种平台还需具备良好的用户体验,以便于不同水平的用户都能轻松使用。

资源整合过程中,制定统一的标准和规范是确保不同类型资源之间兼容性和互操作性的基础。只有通过合理的标准化,才能避免资源使用中的障碍,提高教学资源的利用效率。标准化的制定不仅涉及技术层面的兼容性,还包括内容层面的统一性和规范性。这对于多种资源的有效整合和使用至关重要,能够保证教学活动的顺利进行,并且使得资源的更新和维护更加便捷。

数据分析技术在资源整合中扮演着不可或缺的角色。通过这些技术,教师可以对学生的运动表现和学习进度进行深入评估。这种评估不仅能帮助教师了解学生的学习状态,还能为资源的优化配置提供数据支持。基于分析结果,教师可以调整教学策略,优化资源的使用,从而提高教学效果。这种数据驱动的资源配置方式,能够确保教学资源在合适的时间、地点和方式下发挥最大作用。

资源的创建与共享是资源整合策略中的重要环节。鼓励教师和学生积极参与资源的创建与共享,有助于形成良好的资源生态。这种生态不仅增强了教学资源的多样性和适应性,也促进了教学资源的持续更新。通过这样的方式,教学资源不再是静态的,而是动态发展的。此外,教师和学生的参与也增强了他们对资源的责任感和使用积极性,从而进一步提升教学效果。

### (二)整合工具应用

整合工具在信息化体育教学中的应用是提升教学效率和效果的重要手段。选择合适的资源整合工具需要考虑其高效性、易用性和兼容性。高效的工具能够快速处理海量数据,帮助教师在短时间内整合和分析多种教学资源。易用性则确保教师和学生能够轻松上手,无需复杂的培训即可使用。此外,兼容性是选择工具的关键因素之一,确保工具能够支持多种格式和平台,以便于整合来自不同来源的教学资源。这些标准共同作用,确保教学资源的整合与管理更加顺畅,为信息化体育教学提供坚实的技术支持。

数据管理系统的应用是信息化体育教学中不可或缺的一部分。通过集成运动数据和学习资源,教师可以更全面地分析学生的表现。这种系统不仅能够记录学生的运动成绩,还能结合学习资源提供个性化的指导。数据的整合使教师能够识别学生的优势和不足,从而制定更有针对性的教学计划。个性化指导的实现,不仅提高了教学的有效性,也增强了学生的学习体验,帮助他们在体育学习中获得更大的成就感。这种数据驱动的教学方式为信息化体育教学提供了新的视角和方法。

互动平台的构建对于促进师生之间的实时交流与反馈至关重要。在信息化体育教学中,互动平台能够提供一个开放的沟通渠道,增强学习的协作性与参与感。通过实时交流,教师可以及时了解学生的学习动态,给予必要的指导和支持。同时,学生也可以通过平台提出问题,分享学习经验,增加学习的主动性和积极性。这种互动不仅有助于提高教学质量,也能激发学生的学习兴趣,形成良好的学习氛围。互动平台的有效应用,使信息化体育教学更加生动和富有活力。

资源共享工具的设计在信息化体育教学中起到了促进资源循环与共享的作用。这些工具支持用户上传、下载和评价教学资源,形成一个良好的资源共享机制。通过资源共享,教师可以获取更多优质的教学材料,丰富课堂内容,提升教学效果。同时,学生也可以通过这些工具获取更多的学习资源,拓宽知识面。资源共享工具的设计不仅提高了教学资源的利用率,还增强了教学的开放性和共享性,为信息化体育教学提供了更多的发展可能。

可视化工具的使用在信息化体育教学中发挥着重要作用。通过将运动数据和学习进度以图形化方式展示,教师和学生可以更加直观地理解和应用教学资源。图形化的展示方式有助于简化复杂的数据分析过程,使信息更加易于理解和记忆。这种直观的展示方式不仅提高了教学的效率,也增强了学生的学习体验,使他们能够更好地掌握学习内容。

## 四、信息化体育教学资源的管理与维护

### (一)资源管理流程

信息化体育教学资源的管理流程是确保教学资源有效利用的关键。资源管理流程的核心在于资源的组织与优化,这需要一个系统化的框架来指导资源的分类、更新、使用和反馈。首先,资源分类与标识是资源管理的基础。通过明确的类别和标签,确保所有教学资源在系统中都能被快速检索和高效管理。这不仅提高了资源的利用率,也为教师和学生提供了便利。资源的分类应根据体育教学的具

体需求进行细化,如按课程类别、教学目标、使用年级等进行标识,确保资源的精准定位。

资源的时效性和适应性直接关系到教学的质量和效果,因此建立资源更新机制尤为重要。定期审查和更新教学资源,确保其内容与当前教学目标和学生需求相匹配。随着体育教学的不断发展,新的教学理论和实践方法不断涌现,这要求资源管理者保持敏锐的洞察力,及时调整和更新资源库中的内容,以保持其前瞻性和实用性。此外,资源的更新还应考虑技术的发展,确保资源在不同的技术平台上都能正常使用。

为了规范资源的使用,制定资源使用规范是必不可少的。明确教师和学生在使用资源时的责任和权限,防止资源的滥用和不当使用。资源使用规范应包括资源的访问权限、使用条件以及版权保护等内容。通过规范的制定,不仅保护了资源的完整性,也为资源的合理使用提供了制度保障。此外,规范的制定也有助于培养教师和学生的资源使用意识,提高他们对资源的珍视和合理利用。

实施资源反馈机制是资源管理流程中的重要环节。通过鼓励用户对资源的使用体验进行反馈,可以不断改进和优化资源的质量。用户的反馈可以为资源的更新和调整提供重要依据,帮助管理者了解资源的实际使用情况和用户需求。反馈机制可以通过多种形式进行,如在线问卷、使用报告等,确保反馈信息的多样性和真实性。

建立资源存档制度是保障资源安全和完整性的必要措施。对重要的教学资源进行备份和存档,确保在资源丢失或损坏时能够及时恢复。资源存档制度不仅是资源管理的安全网,也是资源历史演进的记录。通过对资源的定期存档,可以为未来的资源开发和使用提供参考和借鉴,推动信息化体育教学资源管理的可持续发展。

## (二)维护技术手段

信息化体育教学资源的管理与维护是确保教学资源高效利用的关键。维护技术手段的应用在资源管理中发挥着至关重要的作用。通过先进的技术手段,可以有效提升资源的管理效率和使用效果。定期进行资源使用情况的监测与分析,是评估资源有效性和适用性的必要步骤。通过对资源使用数据的收集和分析,能够识别出资源的使用频率、用户反馈以及潜在的改进空间,从而为资源的优化提供数据支持。这一过程不仅有助于提升资源的利用率,还能确保资源的持续改进,保持其与教学需求的高度契合。

为了确保信息化体育教学资源的高质量和稳定性,建立一个专业的资源维护团队是必不可少的。团队成员应具备资源更新、审核和技术支持的专业能力,能够及时响应和处理各种资源维护需求。通过团队的协作,可以实现资源的定期更新和审核,确保每个教学资源都符合最新的教学标准和技术规范。此外,团队还需提供技术支持,解决教师和学生在使用资源过程中遇到的问题,保障教学活动的顺利进行。这种团队协作的方式,不仅提高了资源管理的效率,也增强了资源的可靠性。

采用云存储技术为信息化体育教学资源的管理提供了安全和便捷的解决方案。云存储不仅可以确保教学资源的安全存储,还能提供便捷的访问途径,防止数据丢失或损坏。通过将资源存储在云端,教师和学生可以随时随地访问所需的教学资料,极大地提高了资源的可用性。同时,云存储技术还提供了完善的备份机制,确保数据的安全性和完整性。这样的技术应用,为信息化体育教学资源的管理提供了有力的技术支持,保障了教学活动的持续性和稳定性。

版本控制系统的实施,是对信息化体育教学资源进行版本管理的重要手段。通过版本控制,可以跟踪资源的修改历史和更新记录,为资源的管理提供清晰的历史轨迹。版本控制系统能够记录每一次资源的变更,确保所有的修改和更新都有据可查。这不仅有助于资源的管理和维护,也为资源的改进和优化提供了重要的参考依据。通过版本控制,教师可以随时回溯到资源的任意版本,确保教学活动的连贯性和一致性。

利用自动化工具进行资源的分类和标识,是提升资源管理效率和准确性的重要手段。自动化工具能够快速对大量的教学资源进行分类和标识,减少人工操作的错误和时间成本。这种技术手段的应用,使得资源的管理更加高效和精准。通过对资源的合理分类和标识,教师和学生可以更方便地查找和使用所需的资源,提升了教学活动的效率和效果。

### (三)数据安全保障

在信息化体育教学的背景下,数据安全保障是确保教学活动顺利进行的关键环节。数据加密技术的实施是保护运动数据和个人信息的基础。通过加密,信息在存储和传输过程中得以保护,防止未经授权的访问和篡改。加密技术的选择和实施需要考虑多种因素,包括数据的敏感性、存储介质的安全性以及传输渠道的可靠性。现代加密技术的发展为信息化体育教学提供了多层次的保护手段,确保数据在使用过程中保持机密性和完整性。

用户身份验证机制的建立是增强系统安全性的另一重要措施。采用多因素认证手段，可以有效防止未经授权的用户访问教学资源。多因素认证通常包括密码、手机验证码、生物特征识别等多种验证方式的组合，确保只有合法用户能够进行访问和操作。这一机制不仅提高了系统的安全性，还增强了用户的信任感，促使更多的用户参与到信息化体育教学中来，从而提升整体教学效果。

定期进行安全审计和漏洞评估是及时发现和修复系统安全隐患的重要手段。通过安全审计，可以全面检查系统的安全策略和实施情况，识别潜在的风险点。漏洞评估则帮助发现系统中可能存在的技术缺陷和配置错误。及时修复这些安全隐患，可以大大降低数据泄露和网络攻击的风险，保障信息化体育教学的稳定运行。这一过程需要专业的技术团队和完善的管理制度来支持和执行。

数据备份与恢复策略的制定是保障教学活动连续性的关键。通过定期备份，重要数据可以在系统故障或数据丢失时迅速恢复，避免因数据丢失导致的教学中断。备份策略需要考虑数据的重要性、备份频率、存储空间以及恢复时间等因素。科学合理的备份与恢复方案能够有效降低数据丢失的风险，确保信息化体育教学的持续性和可靠性。

## 第三节　信息化体育教学的互动平台

### 一、信息化互动平台的设计原则

#### （一）用户中心设计

用户中心设计是信息化互动平台成功的关键。这一设计原则强调以用户为核心，确保平台能够满足教师和学生的实际使用需求。通过深入的用户需求调研，可以精准识别用户的期望和痛点，从而在平台设计中加以解决。例如，教师可能需要便捷的课程管理功能，而学生则希望获得更直观的学习反馈。因此，平台在设计时必须充分考虑这些需求，以实现功能的针对性和实用性。

简洁直观的界面布局是提升用户操作效率和体验的重要因素。在信息化体育教学中，用户通常需要快速访问和处理信息，因此界面设计应尽量简洁，避免复杂的操作步骤和冗余的信息展示。通过合理的视觉层次和清晰的导航结构，用户可以更轻松地找到所需信息和功能，进而提高他们在互动平台上的使用效率。这种设计不仅提升了用户体验,也有助于降低学习和适应新平台的时间成本。

多样化的互动功能设计是鼓励师生之间实时交流与合作的重要手段。在信息化体育教学中,互动平台应提供丰富的交流工具,如即时消息、讨论论坛、视频会议等,以支持各种教学活动和学习方式。通过这些功能,教师可以实时指导学生,学生之间也可以相互学习和合作,形成良好的学习共同体。这种互动性不仅增强了教学的灵活性和反馈的及时性,还能激发学生的学习兴趣和参与度。

适应不同设备的响应式设计确保用户在各种终端上获得一致的使用体验。随着移动设备的普及,用户可能在不同时间、地点和设备上访问互动平台。因此,平台设计必须具备良好的响应性,能够根据不同设备的屏幕尺寸自动调整布局和内容展示,以提供一致且流畅的使用体验。这种设计不仅满足了用户的多样化使用场景,也提高了平台的可访问性和便利性。

## (二)交互性原则

在信息化体育教学中,交互性原则是设计互动平台的重要基石。交互功能的多样性是其核心之一,支持文本、语音、视频等多种形式的交流,使得不同用户能够根据自身的需求选择最合适的沟通方式。这种多样性不仅提高了平台的适用性,还促进了师生之间、学生之间的有效沟通。通过提供多种交互形式,平台能够适应不同的教学场景和学习需求,增强了教学过程的灵活性和包容性。

实时反馈机制的设计是交互性原则的另一关键要素。通过该机制,教师和学生能够在互动过程中获得即时的回应,这种实时性大大提高了学习过程的互动性和参与度。即时反馈不仅有助于提高学生的学习效率,还能帮助教师及时调整教学策略,满足学生的个性化学习需求。这种机制的引入,使得信息化体育教学不再是单向的信息传递,而是一个动态的、双向的交流过程。

小组协作工具的集成是交互性原则在信息化体育教学平台中的具体体现之一。通过这些工具,学生可以在虚拟环境中进行合作学习,培养团队精神和协作能力。小组协作不仅促进了知识的共享和创新,还通过团队任务的完成,增强了学生的责任感和集体荣誉感。这种协作学习模式,能够有效提升学生的综合素质,符合现代教育对学生全面发展的要求。

互动内容的个性化推荐是提升用户体验的重要手段。平台根据用户的学习进度和兴趣,提供定制化的学习资源。这种个性化的推荐机制,不仅提高了学习的针对性和有效性,还激发了学生的学习兴趣和积极性。通过分析用户的学习行为和偏好,平台能够为每个学生量身定制学习路径,支持个性化的学习进展。

活动记录与分享功能是信息化互动平台的又一亮点。该功能鼓励用户将学习成果和经验分享给他人,形成一个积极互动的学习社区。通过分享,学生能够获得他人的反馈和建议,进一步完善自己的学习成果。

### (三)可扩展性原则

可扩展性原则是信息化互动平台设计中的关键要素,它确保平台能够灵活适应不断变化的用户需求和技术进步。平台架构的灵活性至关重要,它允许通过模块化的方式进行调整和功能扩展。这种灵活性不仅能够满足当前用户的需求,还能够在未来技术更新或教育需求变化时快速响应。通过模块化设计,开发者可以根据实际需要,增减功能模块,使平台始终保持在最佳状态,从而提升教学效果和用户体验。

支持第三方应用的集成是实现平台可扩展性的另一重要方面。通过开放接口,平台能够与各种外部工具和资源无缝对接,用户可以根据自身的教学或学习需求,引入适合的应用程序。这种开放性设计不仅丰富了平台的功能,也为用户提供了更多的选择和灵活性,能够有效地支持多样化的教学方法和学习路径,增强平台的实用性和竞争力。

数据分析和报告功能的可扩展性使得教师和学生可以根据不同的学习目标和进度,定制分析指标。这种功能的灵活性支持个性化学习,教师可以根据学生的表现调整教学策略,而学生也能够通过数据反馈了解自身的学习进展。这不仅提升了教学的针对性和有效性,也促进了学生的自主学习和反思能力,有助于实现更高水平的教育目标。

多语言和多文化支持确保平台能够适应不同地区和背景的用户,提升全球用户的使用体验。在全球化背景下,教育平台需要具备多语言支持,以满足来自不同语言背景的用户需求。同时,多文化支持也有助于平台在不同文化背景下的推广和应用,增强用户的文化认同感和归属感,从而提高平台的国际化水平和影响力。

## 二、信息化互动平台的技术架构

### (一)前端架构设计

前端架构设计在信息化互动平台中扮演着至关重要的角色。其设计不仅影响用户的初步印象,还决定了用户在平台上的操作体验。前端用户界面的设计必须充分考虑不同用户的操作习惯,以提升用户体验和操作效率。用户界面应简洁明了,使用户能够快速上手,避免因复杂的操作流程而产生的困惑。通过对用户行为的深入研究,前端设计可以更好地满足用户需求,从而增加平台的使用黏性。

采用响应式设计是现代信息化平台的一个关键要求。响应式设计能够使平台在不同设备上自适应显示,这对于当今多样化的设备使用环境尤为重要。无论是在手机、平板还是电脑上,用户都能够获得一致且流畅的体验。这种设计不仅提高了平台的可访问性,还扩展了其使用场景,使得用户可以随时随地进行学习和交流。

整合多种互动功能是信息化体育教学平台的一大特色。这些功能包括即时消息、视频会议和在线讨论等,旨在增强师生之间的沟通。这种多样化的互动方式能够满足不同教学场景的需求,促进师生之间的实时交流和反馈。同时,丰富的互动功能也能够激发学生的学习兴趣,提高参与度。

实现数据可视化功能是提升用户理解能力的有效手段。通过图表和图形展示学习进度和运动表现,用户可以直观地了解自己的学习状况和运动成果。数据可视化不仅帮助用户进行自我评估,还为教师提供了评估学生表现的依据。这种可视化的方式能够将抽象的数据转化为具体的信息,便于用户理解和应用。

### (二)后端架构设计

在信息化体育教学模式中,后端架构设计是确保系统高效运行的关键。后端数据处理模块的设计需要能够高效处理用户请求和数据存储,以提升系统响应速度。通过优化数据处理流程,确保在高并发的情况下,系统能够快速响应用户请求,避免延迟和卡顿现象的发生。采用先进的缓存技术和负载均衡策略,可以有效地分散系统压力,提升用户体验。此外,数据处理模块还需具备良好的扩展性,以便在未来系统升级时能够顺利过渡,适应不断变化的用户需求。

数据库架构的优化是后端架构设计中的另一个重要环节。根据数据类型和访问频率的不同,合理选择关系型或非关系型数据库,可以显著提高数据存取效率。关系型数据库适用于结构化数据的存储和复杂查询,而非关系型数据库则在处理海量非结构化数据时表现优异。通过对数据库架构的精细化设计,能够实现数据的快速检索与更新,确保系统在高负载情况下依然能够保持稳定的性能。此外,数据库的备份与恢复机制也需完善,以保障数据安全和系统的持续可用性。

用户身份管理系统在信息化互动平台中起着至关重要的作用。该系统的建立需要确保用户注册、登录和权限管理的安全性与便捷性。通过采用多因素认证和加密技术，可以有效防止未经授权的访问，保护用户隐私。同时，灵活的权限管理机制能够根据用户角色的不同，提供个性化的功能访问权限，提升平台的安全性和用户体验。用户数据的安全存储和传输也是身份管理系统设计中不可忽视的部分，需通过加密技术和安全协议加以保障。

API 接口的设计与实现是后端架构设计中的关键步骤，它支持前端与后端的数据交互，确保数据传输的安全性和高效性。在 API 设计中，需要遵循 RESTful 原则，确保接口的统一性和可读性，以便于前端开发人员的调用和维护。通过采用 HTTPS 协议和身份验证机制，可以有效保护数据在传输过程中的安全。同时，接口的高效性设计还需考虑到数据压缩和请求优化，减少不必要的数据传输，提升系统的整体性能。

日志记录与监控系统的集成是后端架构设计中不可或缺的一部分。通过实时监测系统的运行状态，可以及时发现并处理潜在问题，确保系统的稳定性和可靠性。日志记录需要涵盖系统的各个模块，详细记录用户操作、系统错误和性能指标，为故障排查和性能优化提供数据支持。监控系统则通过可视化的方式展示系统的运行情况，帮助运维人员快速定位问题，采取相应的措施进行处理，从而保障信息化互动平台的持续高效运行。

### （三）数据库架构设计

数据库架构设计在信息化体育教学的互动平台中占据核心位置，其重要性不言而喻。数据库的结构设计需要精心规划，包括表的划分、字段定义和关系设置。这些设计要素直接影响数据存储的高效性和一致性。通过合理的表划分，可以有效地管理和组织数据，确保数据的逻辑性和可维护性。同时，字段定义需要考虑数据的类型和长度，以适应不同的教学需求。关系设置则确保数据之间的关联性，支持复杂的数据查询和分析功能。

在数据库架构中，数据索引的创建与优化是提升查询性能的关键措施。索引作为一种数据结构，能够显著提高数据检索速度，尤其是在高并发访问的情况下，索引优化显得尤为重要。通过合理的索引设计，系统能够在处理大量用户请求时，仍然保持快速响应的能力。这对于信息化体育教学平台来说至关重要，因为它需要实时处理大量的用户交互和数据请求。

为了保障教学活动的连续性,数据库系统必须建立完善的数据备份与恢复机制。在系统故障或数据丢失的情况下,能够迅速恢复数据是确保教学活动不中断的关键。备份机制需要定期执行,并确保备份数据的完整性和可用性。恢复机制则需具备快速恢复的能力,以便在最短时间内将系统恢复到正常状态,最大限度地降低数据丢失带来的影响。

数据访问权限管理是数据库架构设计中不可或缺的一部分。通过细致的权限管理,系统能够确保不同用户根据其角色和需求访问相应的数据,保护敏感信息不被未经授权的用户访问。这一机制不仅提高了系统的安全性,也增强了用户对平台的信任感。权限管理需要与用户身份认证系统紧密结合,以实现精细化的权限控制。

## 三、信息化互动平台的功能模块

### (一)教学资源管理

在信息化体育教学中,教学资源管理是互动平台的重要功能模块。教学资源管理不仅包括资源的存储和组织,还涉及资源的分类与标签管理。通过合理的分类与标签,教师可以快速检索到所需的资源,确保资源的高效利用。这一过程不仅提高了资源的查找效率,也使得教师能够根据不同的教学需求快速调整和应用资源,从而提升教学的灵活性和针对性。

教学资源的版本控制机制是信息化互动平台的另一个关键功能。版本控制使得教师能够跟踪资源的更新历史,了解每一版本的具体变化。这对于选择适合当前教学目标的资源版本至关重要。教师可以根据学生的反馈和教学效果,选择最合适的资源版本进行教学,确保教学内容的准确性和适用性。同时,版本控制也为资源的持续改进提供了依据,促进教学资源的不断优化。

资源共享与协作功能在信息化互动平台中占据重要地位。通过这一功能,教师可以在平台上共享自己的教学资源,与其他教师进行资源交流与合作。这种协作方式不仅提高了教学资源的利用效率,也促进了教师之间的专业交流和共同进步。资源共享机制的建立,打破了传统教学资源的孤立状态,使得优秀的教学资源能够在更大范围内得到应用和推广。

资源使用统计与分析功能为教师提供了对教学资源使用情况的反馈。这一功能通过对资源使用频率、使用者反馈等数据的分析,帮助教师优化资源配置与使用策略。通过对这些数据的深入分析,教师可以了解哪些资源最受欢迎,哪些资源在实际教学中效果最佳,从而在未来的教学中更有针对性地选择和应用资源。

### (二)在线互动功能

在线互动功能在信息化体育教学中扮演着至关重要的角色。通过实时消息功能,教师与学生之间能够进行即时沟通,这种即时性不仅提升了课堂的互动效果,还能够在课后进行学术讨论和问题解答。实时消息功能的引入,使得教学不再受限于时间和空间,学生可以在课后随时与教师交流,解决学习中的疑问。这种即时的交流方式有效地弥补了传统教学中面对面交流的不足,增强了学生的学习体验和参与感。

视频会议模块的应用,为教师提供了一个在线授课的平台,同时也为学生提供了面对面交流的机会。通过视频会议,教师可以进行实时授课,学生则能够在虚拟课堂中与教师和同学进行互动,提升了学习的体验和效果。视频会议不仅支持教学内容的传授,还可以用于课后辅导和答疑,帮助学生更好地掌握课程内容。此外,这一模块还为跨地域的教学活动提供了可能,使得优质的教育资源得以共享,推动了教育的公平化和普及化。

在线讨论区作为信息化互动平台的重要组成部分,极大地促进了学生之间的讨论与合作。在这个虚拟空间中,学生可以自由地发表观点、分享资源,并就某一主题展开深入的讨论。这不仅增强了学生的团队合作精神,也提高了他们的学习参与感。通过在线讨论,学生能够在交流中相互学习,拓宽视野,培养批判性思维和解决问题的能力。这种协作学习的模式,有助于激发学生的创造力和主动性,提升整体的学习效果。

作业提交与反馈系统的引入,极大地方便了学生提交作业和教师的批改工作。学生可以在平台上提交作业,并在短时间内获得教师的反馈,这种及时反馈机制有助于学生及时发现学习中的问题,并进行针对性的改进。教师通过这一系统,可以更高效地管理学生作业,了解学生的学习进度和掌握情况,从而在教学中进行相应的调整和改进。这一系统的应用,不仅提高了教学效率,也增强了学生的学习效果和积极性。

活动公告与日历功能在信息化互动平台中,主要用于帮助教师与学生及时了解课程安排及相关活动。这一功能模块通过提供课程表、活动通知和重要日期提醒,帮助学生合理安排学习时间,避免错过重要的学习活动。对于教师而言,这一功能提高了课程组织和管理的效率,使得教学活动安排更加井然有序。

### (三)评估与反馈模块

评估与反馈模块在信息化体育教学中扮演着至关重要的角色。该模块的核心在于制定科学且公正的评估标准,确保评估过程能够准确反映学生的学习成果和进步。这不仅要求对学生的体育技能进行考察,还需综合考虑其在学习过程中表现出的态度、合作能力以及创新思维等多方面因素。科学的评估标准是评估与反馈模块的基石,它为教师和学生提供了明确的方向和目标,确保在教学过程中能够客观、公正地评价每位学生的表现。

在评估与反馈模块中,多维度反馈机制的建立尤为重要。通过鼓励学生在学习过程中进行自我评估和同伴评估,可以有效地增强学生的学习主动性和互动性。自我评估使学生能够反思自己的学习过程,认识到自身的优缺点;而同伴评估则为学生提供了一个互相学习和借鉴的机会,促进了学生之间的沟通与合作。这种多维度的反馈机制不仅丰富了评估的内容,也提升了学生的参与感和责任感,使他们在学习中更加积极主动。

评估结果的可视化展示是评估与反馈模块中的另一关键环节。通过使用图表和数据分析,教师和学生能够直观地了解学习进展和存在的问题。这种可视化展示不仅有助于学生明确自己的学习状态,也为教师提供了调整教学策略的依据。借助现代信息技术,评估结果的可视化展示已成为教学过程中不可或缺的一部分,极大地提高了教学的效率和效果。

定期的评估与反馈会议是促进教师与学生之间沟通的重要途径。在这些会议中,教师可以根据评估结果与学生进行深入的交流,了解他们在学习过程中遇到的困难,并及时调整教学策略和学习计划。同时,学生也有机会表达自己的想法和建议,进一步增强了师生之间的互动和信任。这种定期的沟通机制为教学的持续改进提供了保障。

建立个性化反馈系统是评估与反馈模块的一个重要发展方向。根据学生的不同需求和表现,提供针对性的指导和建议,可以大大提升学习效果。个性化反馈系统不仅能够帮助学生更好地理解和掌握学习内容,也为教师提供了更加灵活和高效的教学手段。在信息化体育教学模式中,个性化反馈系统的应用前景广阔,将为未来的教育发展提供新的思路和方法。

## 四、信息化互动平台的用户体验优化

### (一)界面设计优化

界面设计优化是提升信息化体育教学平台用户体验的重要环节。界面布局应当遵循用户习惯,确保功能模块的逻辑性和易用性。通过合理的布局设计,用户能够快速找到所需操作,从而提高使用效率。在界面布局中,模块的排列应遵循用户的视觉流动习惯,并通过清晰的导航结构引导用户进行操作。这种设计不仅能减少用户的认知负担,还能提升整体的用户满意度。

提高界面的响应速度是优化用户体验的另一关键要素。在信息化体育教学平台中,用户的操作往往需要快速响应,以确保教学活动的连续性和流畅性。因此,界面的响应速度应保持在毫秒级,几乎无延迟的操作体验能够显著增强用户的使用体验。此外,技术团队应持续监测平台的性能,及时优化后台处理流程,以确保平台的高效运行和稳定性。

采用统一的视觉风格,包括色彩、字体和图标设计,是提升平台专业性和一致性的重要手段。统一的视觉元素能够帮助用户形成良好的认知和记忆,从而快速适应平台的使用环境。色彩的选择应考虑到用户的视觉舒适度,字体应具备良好的可读性,而图标设计则需具备直观性和辨识度。这些视觉元素的协调统一,不仅能提升平台的美观性,还能增强用户的信任感。

设计可定制的用户界面,让用户根据个人偏好调整布局和功能,是增强个性化体验的有效方式。信息化体育教学平台应提供灵活的界面配置选项,使用户能够根据自身需求调整界面布局、功能模块的显示与隐藏等。这种个性化的设计能够满足不同用户的使用习惯,提高用户的参与感和满意度。此外,平台还应支持用户保存和分享其个性化设置,以便于在不同设备间的无缝切换。

### (二)操作流程简化

操作流程的简化在信息化体育教学的互动平台中扮演着至关重要的角色。通过减少不必要的步骤,可以显著提高用户的操作效率,使得教师和学生能够更专注于教学内容本身,而不是被复杂的操作流程所困扰。在设计过程中,简化用户操作流程不仅是技术上的挑战,更是对用户体验的深刻理解和分析。通过对用户行为的深入研究,可以识别出冗余的步骤和复杂的操作路径,从而进行有效的优化。

一键式功能访问的引入为用户提供了极大的便利,使他们能够快速找到所需的常用工具和资源。这种设计理念源于对用户行为模式的分析,旨在减少用户在平台上花费的时间和精力。通过将常用功能集成到一个按钮或快捷方式中,用户可以在最短的时间内完成操作,提升整体使用体验。这种方式不仅提高了操作效率,还增强了用户对平台的依赖性和满意度。

在信息化平台中,信息的呈现方式对用户体验有着直接的影响。优化信息呈现,确保关键信息一目了然,可以有效减少用户的认知负担。通过合理的界面设计和信息布局,用户可以更快速地获取所需信息,避免因信息过载而产生的困惑和疲惫感。这样的设计需要结合视觉设计原则和用户心理学,以确保信息传递的清晰和高效。

直观的导航系统设计是信息化互动平台不可或缺的一部分,它帮助用户快速定位所需功能和内容,提升操作的流畅性和便捷性。一个好的导航系统应具备清晰的层次结构和逻辑关系,使用户在使用过程中不至于迷失方向。通过对用户导航路径的分析,可以不断优化导航系统,使其更加符合用户的使用习惯和需求。

智能推荐系统的引入为信息化互动平台赋予了更高的个性化体验。通过分析用户的行为和偏好,系统可以自动调整界面和功能布局,提供更符合用户需求的使用环境。这种个性化的体验不仅提升了用户的满意度,还增加了平台的黏性和使用频率。智能推荐系统的设计需要结合大数据分析和人工智能技术,以实现精准的用户需求预测和个性化服务的提供。

### (三)响应速度提升

响应速度提升是信息化互动平台用户体验优化的重要环节。优化后台数据处理算法是提升系统响应速度的关键,通过改进算法结构和提高计算效率,可以显著减少用户操作时的等待时间,确保操作的流畅性。特别是在体育教学中,实时性和互动性至关重要,优化算法能够有效支持这些需求。通过优化,系统不仅能快速响应用户请求,还能在后台高效处理大量数据,为用户提供更佳的使用体验。

采用高效的缓存机制是提升用户请求处理速度的另一重要策略。缓存机制通过在用户请求和数据库之间增加缓存层,减少数据库的访问次数,从而加快数据的读取速度。这一机制在信息化体育教学中尤为重要,因为它能够确保教学内容和互动数据的快速加载,减少因频繁访问数据库导致的延迟问题。通过合理配置缓存策略,平台能够在用户体验和资源消耗之间取得平衡,提升整体效率。

实施负载均衡技术是确保系统稳定性和快速响应的重要手段。负载均衡通过合理分配服务器资源,避免某一服务器过载导致的响应延迟问题。对于信息化体育教学平台而言,负载均衡能够确保在高并发情况下,用户依然能够获得稳定和快速的服务体验。这一技术的应用不仅提高了平台的可用性,还增强了系统的弹性和扩展性,支持更多用户同时在线互动。

利用内容分发网络(Content Delivery Network,CDN)加速静态资源的加载,是提升用户在不同地理位置访问速度的有效方法。CDN通过将静态资源分布到全球多个节点,使用户能够从最近的节点获取资源,从而显著减少加载时间。对于信息化体育教学平台,CDN的应用能够确保教学视频、课件等资源的快速加载,提升跨地域用户的访问体验,支持全球化的教育互动。

# 第七章 体育教学模式与学校体育文化建设

## 第一节 学校体育文化的内涵与特征

### 一、学校体育文化的基本概念

#### (一)定义与内涵

学校体育文化是指在学校环境中,通过体育活动形成的共同价值观、行为规范和文化氛围。它不仅仅是体育活动的简单集合,而是学校教育体系中不可或缺的一部分。学校体育文化的核心在于通过多样化的体育活动,培养学生的团队合作精神、竞争意识以及个人发展能力。这种文化强调在体育活动中,学生不仅仅是身体素质的锻炼者,更是精神和品德的塑造者。体育活动中的合作与竞争,能够有效地促进学生的全面素质教育,帮助学生在集体中找到自己的位置,增强自我认同感。

学校体育文化的多样性体现在其涵盖的不同体育项目、活动形式和参与方式上。这种多样性不仅使学生能够接触到多种体育活动,丰富他们的课余生活,还能通过不同的体育项目,激发学生的兴趣和潜力,进而促进他们的全面发展。不同的体育项目如篮球、足球、田径等,能够培养学生不同的能力和素质,帮助他们在不同的环境中适应和成长。

学校体育文化的建设与学校整体文化和教育目标密切相关。它不仅是学校教育目标的延伸,更是实践这些目标的重要途径。通过体育文化的建设,学校能够更好地提升学生的身心健康和社会适应能力。体育文化的建设需要与学校的教育理念相结合,以促进学生在身体、心理和社会适应能力等方面的全面发展。学校体育文化的成功建设,不仅能够提升学生的个人素质,还能为学校营造积极向上的文化氛围,形成良好的校风和学风。

#### (二)理论基础

学校体育文化的理论基础是多学科交叉的结果,涵盖了教育学、心理学、社会学等领域的理论。学校体育文化的构建理论强调,通过体育活动可以有效促进学生的身心发展,并提高其社会适应能力。这一理论认为,体育活动不仅是身体素质的锻炼,更是心理素质和社会能力的培养。通过有组织的体育活动,学生能够在竞争和合作中学习如何与他人相处,营造积极的校园氛围。这种氛围不仅有助于学生个体的发展,也能提升学校整体的文化品质。

社会文化理论在学校体育文化中的应用,为理解体育活动如何反映和塑造学生的社会价值观和行为规范提供了重要视角。体育活动是社会文化的一个缩影,学生在参与体育活动的过程中,潜移默化地接受和内化了社会的价值观和行为规范。这种内化过程有助于学生形成正确的价值观和行为模式,进而影响其在学校及更广泛社会中的表现。因此,学校体育文化不仅是体育活动的简单集合,更是社会文化在校园中的具体呈现和延伸。

从教育心理学的视角来看,学校体育文化对学生的心理健康、团队合作意识和竞争精神有着深远的影响。体育活动为学生提供了一个相对宽松的环境,使他们能够在其中释放压力、舒缓情绪。这对于学生的心理健康有着积极的作用。此外,体育活动通常需要团队合作,学生在参与的过程中能够提升团队合作意识,学会如何在团队中发挥自己的作用。同时,体育活动中的竞争也能够激发学生的竞争精神,培养他们勇于挑战、积极进取的态度。

体育教育理论对学校体育文化建设具有重要的指导作用。体育课程的设计与实施是学校体育文化建设的核心环节。通过科学合理的课程设计,学校可以确保体育活动对学生全面素质教育的促进作用。体育课程不仅要关注学生的身体素质,还应注重学生的心理发展和社会能力培养。

## 二、学校体育文化的核心要素

### (一)价值观念

体育文化在学校环境中扮演着至关重要的角色,其核心要素之一是价值观念的塑造。在体育教学中,团队合作精神的培养尤为重要。通过体育活动,学生能够在合作与沟通中实现共同目标,从而增强集体意识和责任感。这种合作不仅仅是为了赢得比赛,更是在活动中学会倾听、理解和支持队友,这种能力在现代社会中是不可或缺的。团队合作精神的培养不仅限于体育场上,它还渗透到日常学习和生活中,帮助学生在未来的职业和社会生活中更好地适应团队合作的需求。

公平竞争的价值观也是学校体育文化的重要组成部分。在体育活动中,尊重对手和遵守规则是每个参与者必须具备的基本素养。通过体育竞赛,学生能够深刻体会到诚信和公正的重要性。比赛结果的胜负固然重要,但更重要的是在比赛中展现出尊重和诚信的态度。这样的教育不仅培养了学生的体育精神,也为他们在其他领域的成长奠定了基石。公平竞争的理念在学校体育文化中不仅是一种要求,更是一种习惯和态度的培养。

自我超越与个人发展的理念在体育文化中同样占据重要位置。体育活动为学生提供了挑战自我的机会,鼓励他们不断追求进步。在这个过程中,学生的自信心和自我效能感得到显著提升。面对困难和挑战,学生学会了如何设定目标,如何在失败中吸取教训并继续前进。这种自我超越的精神不仅仅局限于体育活动,它也激励学生在学业和生活中不断追求卓越。

身体健康与积极生活方式的重视是学校体育文化的另一核心要素。通过体育锻炼,学生不仅可以提高身体素质,还能培养终身锻炼的习惯。这种健康的生活方式对学生的身心发展至关重要。在体育教学中,教师不仅要传授运动技能,还要引导学生认识到身体健康的重要性,帮助他们形成科学的锻炼观念和习惯。这种健康观念的培养,将对学生的未来生活产生深远影响。

多元文化的包容性在学校体育文化中也发挥着重要作用。学校体育活动是一个包容性的舞台,它欢迎不同背景和能力的学生参与。在这个过程中,学生学会尊重和理解他人,促进相互学习与交流。体育文化的多样性不仅丰富了学生的校园生活,也为他们提供了一个认识和了解世界的窗口。

## (二)行为规范

在学校体育文化建设中,行为规范不仅仅是简单的行为准则,还是塑造学生体育精神的重要途径。通过行为规范的建立,学校能够引导学生在体育活动中形成良好的习惯和积极的态度。行为规范的核心在于培养学生的参与意识,鼓励他们积极参与各类体育活动。这种参与不仅有助于增强学生的体育兴趣与热情,还能促进他们在身体素质和心理素质上的全面发展。通过参与意识的培养,学生能够更好地理解体育活动的价值,从而在未来的生活中继续保持对体育的热爱和投入。

在体育活动中,遵守规则的意识尤为重要。规则不仅是比赛的基础,更是培养学生法律意识与道德观念的有效途径。通过强调在体育活动中严格遵循比赛规则和行为规范,学生能够理解规则的重要性,进而在生活的其他方面也能自觉遵守社会规范。这种意识的培养不仅有助于学生在体育活动中取得更好的成绩，还能帮助他们在社会中成为有责任感和道德感的人。此外，遵守规则的意识能够促进公平竞争，确保每位参与者都能在平等的平台上展示自己的能力。

尊重他人的态度是学校体育文化中不可或缺的元素。在体育活动中，尊重对手、教练和裁判是营造和谐体育氛围的关键。尊重不仅仅是对他人劳动和努力的认可，更是对体育精神的诠释。通过倡导尊重他人的态度，学生能够在体育活动中体验到团队合作的重要性，并在与他人的互动中学会理解与包容。这种态度的培养有助于学生在未来的社交和职业生涯中建立良好的人际关系，同时也能提升他们的领导力和团队协作能力。

安全意识是体育活动中不可忽视的方面。教育学生在参与体育活动时注意自身及他人的安全，能够有效防止运动伤害的发生。安全意识的强化不仅是对学生身体健康的保护，更是对他们责任意识的培养。通过对安全意识的重视，学生能够在体育活动中学会如何预防和应对突发情况，增强自我保护能力。此外，安全意识的培养也能帮助学生在日常生活中保持警惕，确保自身和他人的安全。

积极反馈与反思的习惯是促进学生个人持续进步与成长的重要手段。在体育活动后，鼓励学生进行自我评估与反馈，能够帮助他们认识到自身的优点与不足。通过反思，学生能够制定更加切实可行的改进计划，从而在后续的活动中取得更好的成绩。这种习惯的培养不仅有助于提升学生的自我认知能力，还能增强他们的自主学习能力，为他们的终身学习奠定坚实的基础。

### (三)物质环境

在学校体育文化建设中，物质环境不仅直接影响体育活动的开展，还对学生的体育体验和身心发展产生深远影响。一个理想的物质环境应当具备多样化的体育设施，以满足不同体育项目的需求。操场、体育馆、游泳池等设施的设置，不仅为学生提供了丰富的运动选择，也在无形中激发了他们对体育活动的兴趣和参与热情。通过设施的多样性，学校能够更好地支持体育教学模式的多元化发展，促进学生在不同运动项目中的个性化成长。

安全的运动环境是学校体育文化建设的基础保障。确保学生在参与体育活动时的身体安全与心理舒适，是每一个教育工作者必须关注的重点。学校应通过科学的设施布局和严格的安全管理措施，减少运动伤害的发生。同时，营造一种心理安全的氛围，让学生在运动中敢于尝试、勇于挑战，这对培养他们的自信心和团队合作精神至关重要。安全的运动环境不仅是硬件设施的保障,更是学校体育文化软实力的体现。

良好的器材维护与更新是提升学生运动体验的重要环节。高质量的体育器材能够显著改善学生的运动感受,激发他们的运动兴趣。学校应定期检查和更新体育器材,确保其性能和安全性。同时,通过引入新型器材和技术,学校可以不断丰富体育教学的内容与形式,为学生提供更为多样化的运动体验。这种持续的投入和改进,不仅提升了学校的体育教学质量,也增强了学生对体育活动的参与度和认同感。

体育文化氛围的营造是学校体育文化建设中的重要一环。通过装饰、标语等形式,学校可以在视觉上营造出浓厚的体育文化氛围,增强学生的体育文化认同感。这种氛围不仅能够激励学生积极参与体育活动,还可以在潜移默化中培养他们的体育精神和价值观。体育文化氛围的营造需要全校师生的共同参与,通过多元化的文化活动和宣传教育,逐步形成学校独特的体育文化特色。

## 三、学校体育文化的表现形式

### (一)体育活动

体育活动在学校体育文化中扮演着核心角色,它不仅是学生锻炼身体的途径,还是文化传承和价值观塑造的重要载体。学校体育活动的多样性体现在课内外的各类体育项目中,如篮球、足球、田径等,这些项目的设置旨在满足不同学生的兴趣与需求,促进其全面发展。通过参与多样化的体育活动,学生不仅可以提高体能和技能,还能在团队合作中培养沟通能力和领导才能。这些活动在形式上既有个人竞技,也有团队合作,既有竞技性强的比赛项目,也有趣味性十足的休闲运动,极大地丰富了学生的校园生活。

学校体育活动的组织形式强调团队合作与竞争,通过比赛、联赛等形式增强学生的参与感与归属感。在这些活动中,学生不仅能够体验到竞争的乐趣,还能在团队中找到归属感和成就感。比赛和联赛不仅是展示个人能力的平台,更是团队协作与策略制定的实践场。通过这些活动,学生学会了如何在竞争中合作,如何在团队中贡献自己的力量,如何在失败中总结经验,如何在胜利中保持谦逊。这些经历为学生的成长提供了宝贵的实践机会,也为学校体育文化的建设注入了活力。

体育活动的创新性是学校体育文化发展的重要推动力。鼓励引入新兴运动项目和活动形式,如极限运动、健身操等,不仅可以丰富学生的体育体验,还能激发他们对新事物的探索欲望。在这个过程中,学生可以接触到不同的运动文化,了解不同运动项目的历史背景和发展趋势。这种创新性不仅体现在项目的多样化上,还体现在活动组织形式的创新上,如线上线下结合的体育活动、跨学科的体育项目等,这些创新为学生提供了更多的选择和更丰富的体验。

体育活动的社会责任是学校体育文化建设的重要组成部分。通过社区体育活动、志愿服务等形式,学校可以培养学生的社会责任感和服务意识。在这些活动中,学生不仅是体育活动的参与者,更是社区文化的传播者和社会服务的实践者。他们通过参与社区体育活动,了解社区的需求,服务社区的居民,增强了对社会的责任感和对他人的关爱。这种社会责任的培养不仅提升了学生的个人素质,也为学校体育文化的建设注入了更深层次的内涵。

体育活动的文化传播功能不可忽视,它利用体育活动作为传播学校文化和价值观的平台,增强学生对学校的认同感和归属感。在体育活动中,学校的文化理念和价值观可以通过各种形式得以体现和传播,如通过运动会的主题设置、比赛精神的倡导、团队文化的塑造等。这些活动不仅是体育竞技的舞台,更是文化交流的桥梁。

## (二)体育设施

体育设施在学校体育文化中扮演着至关重要的角色,其布局与设计需要充分考虑不同体育项目的需求。每个项目都应拥有适合的场地和设施,以确保学生能够在最佳的环境中进行训练和比赛。这不仅涉及场地的大小和形状,还包括地面材料、设备配置等细节。合理的设施布局能够促进多样化的体育活动,满足学生不同的运动兴趣和发展需求,进而推动学校整体体育文化的建设。

提供无障碍的体育设施是学校体育文化建设的重要一环。确保所有学生,包括残疾学生,都能平等参与体育活动,是现代教育的基本要求。无障碍设施的设置不仅体现了学校对每一个学生的关怀和尊重,也推动了包容性教育的发展。通过合理设计通道、坡道和专用设备,学校能够消除物理障碍,让所有学生在体育活动中获得平等的机会和体验,从而增强他们的自信和归属感。

定期对体育设施进行维护和更新,是保证其安全性和功能性的关键。体育设施的安全直接关系到学生的运动体验和身体健康,因此,学校应建立完善的设施管理机制,定期检查和维护设备,及时更新老旧设施。通过这样的管理措施,学校不仅能提供安全的运动环境,还能提升学生的运动体验,激发他们参与体育活动的积极性,进而促进学校体育文化的持续发展。

随着科技的进步,智能科技在体育设施中的应用越来越广泛。通过引入运动监测设备和虚拟现实技术,学校可以提升体育设施的使用效果和互动性。这些技术不仅能够提供实时的运动数据,帮助学生和教师进行科学的训练和教学,还能通过虚拟现实的沉浸式体验,激发学生的运动兴趣和热情。智能科技的应用为学校体育文化注入了新的活力,推动了体育教学模式的创新。

### (三)体育赛事

体育赛事作为学校体育文化的重要组成部分,不仅丰富了校园生活,还在学生的全面发展中扮演着关键角色。学校体育赛事的多样化是其显著特征之一,涵盖了从传统项目如田径、篮球到新兴运动如飞盘、攀岩等多种形式。这样的多样化设置,旨在满足不同学生的兴趣和参与需求,使每个学生都能在体育活动中找到自己的位置,体验运动的乐趣。这种多样化的赛事安排,不仅激发了学生参与体育活动的热情,也促进了他们在运动中的个性化发展。

在体育赛事的组织与管理方面,学校特别强调赛事的规范化和专业化。通过制定详细的赛事规则和管理流程,确保每场比赛的公正性和参与感。这种规范化管理不仅提升了赛事的质量,也培养了学生对规则的尊重和对公平竞争的理解。此外,专业化的赛事组织还为学生提供了一个学习和实践管理技能的平台,使他们在参与赛事的过程中,不仅锻炼了身体,也提高了组织协调能力。

体育赛事对于学生团队精神的培养具有重要意义。通过团队比赛,学生不仅要在赛场上全力以赴,还需在场下进行有效的沟通与合作,以实现团队的共同目标。这种团队合作的经历,增强了学生的合作意识与集体荣誉感,帮助他们理解团队协作的重要性,并在日后的学习和生活中继续发扬这种精神。这种通过体育赛事培养的团队精神,对于学生的全面发展和未来职业生涯都具有深远的影响。

体育赛事的宣传与推广是提升赛事影响力的重要手段。学校通过多渠道传播赛事信息,如校园广播、社交媒体等,扩大赛事的知名度和参与度。这不仅吸引了更多的学生参与赛事,也让更多的家长和社区成员关注和支持学校的体育活动。通过有效的宣传,学校体育赛事不仅成为校园内的热点活动,也在更广泛的社会中产生了积极的影响,进一步提升了学校的声誉。

## 四、学校体育文化的功能与作用

### (一)身心发展

体育活动在学生的身心发展中扮演着重要角色。通过参与多样化的体育活动,学生可以显著提高身体素质,增强心肺功能和肌肉力量,从而促进健康成长。这种身体上的锻炼不仅仅是为了增强体质,更是为了为学生的学习和生活提供充沛的精力和良好的身体基础。学校体育文化强调身体健康的重要性,其核心在于通过系统的体育活动培养学生的健康意识和健康习惯,使学生在身体和心理上都能达到最佳状态。

参与体育活动也是缓解学生压力、改善心理状态的重要途径。在现代教育环境中,学生面临的学业压力和社会期望不断增加,体育活动成了他们释放压力的有效方式。通过运动,学生能够有效地排解负面情绪,提升心理韧性,培养积极向上的心理状态。同时,体育活动提供了一个轻松的交流平台,学生在其中能够感受到快乐与成就,进而改善整体的心理健康状况。

体育活动还通过培养团队合作精神来提升学生的社交能力与人际交往技巧。在团队运动中,学生需要与他人密切合作,共同制定策略、解决问题,这些过程锻炼了他们的沟通能力和团队合作意识。学校体育文化通过丰富多样的体育活动,促进学生在团队中找到自己的位置,学会理解和尊重他人,增强了他们的社交能力,帮助他们在未来的社会生活中更好地融入集体。

体育活动促进了学生的自我认知与自信心的提升。通过不断的训练和比赛,学生能够设定个人目标并努力实现,体验到自我超越的快乐。学校体育文化鼓励学生在体育活动中挑战自我,认识到自己的潜力与价值,从而增强自信心。这种自信心不仅体现在体育领域,也会影响到他们的学习和生活,使他们更具面对挑战的勇气和决心。

### (二)社会交往

体育活动在学校体育文化中扮演着重要的角色,尤其在促进学生之间的互动与沟通方面。通过参与各种体育活动,学生不仅能够增强身体素质,更能在互动中建立深厚的友谊与团队精神。体育活动提供了一个轻松的环境,让学生在共同的目标下协作,分享快乐与挑战,从而在潜移默化中提升彼此的沟通能力。团队运动是一个典型的例子,它要求成员之间的默契配合与有效沟通,学生在这样的过程中学会了倾听与表达,理解与包容,进而提升了整体的社交技能。

通过参与团队运动,学生能够深刻体会到合作与协作的重要性。在体育项目中,个人的成功往往依赖于团队的整体表现,这使得学生在实践中感受到团队合作的价值。无论是篮球比赛中的传球配合,还是足球比赛中的战术执行,学生都需要在团队中找到自己的位置,发挥自己的特长,同时也要学会欣赏和支持队友的贡献。这种合作精神不仅在体育活动中得以体现,也成为他们日后在社会中立足的重要技能。

体育赛事为学生提供了展示自我的平台,增强了他们的自信心并促进了社会认同感。无论是在校内的体育比赛,还是在更大范围的校际赛事中,学生都有机会通过自己的努力与表现赢得他人的认可与赞赏。这样的经历不仅提升了他们的自信心,也使他们在集体中找到归属感和认同感。这种积极的心理体验,对于学生的成长与发展起到了积极的推动作用,使他们在面对未来的挑战时更加从容。

学校体育文化活动为学生提供了多样化的社交机会,帮助他们建立广泛的人际关系。通过参与不同形式的体育活动,学生有机会接触到来自不同班级、年级甚至学校的同伴。这种跨越学科与年级的交流,拓宽了他们的社交圈子,促进了不同背景学生之间的理解与沟通。在这样的环境中,学生不仅学会了如何与人相处,也在不断地互动中丰富了自己的社交经验。

### (三)文化传承

学校体育文化在文化传承方面具有重要的功能与作用。通过传统体育项目的推广,学校不仅能够传承民族精神与地方文化,还能增强学生对本土文化的认同感。在体育教学中,传统体育项目如武术、龙舟等,成为学生了解和体验民族文化的重要途径。这些项目蕴含着丰富的文化内涵,使学生在参与过程中感受到民族精神的魅力,进而增强对本土文化的认同。

通过体育活动,学生能够学习到经典体育精神,如拼搏、勇气与坚韧,并将这些精神内化为个人价值观。体育精神不仅在竞技场上展现,更在日常生活中影响着学生的行为和思维方式。学校体育文化通过组织各类体育活动,让学生在参与中体验团队合作、顽强拼搏的精神,逐渐将这些品质融入自己的生活理念中,形成积极向上的人格特质。

在学校体育文化活动中融入传统节日与习俗,是增强学生对文化传承的意识与参与感的重要方式。通过在体育活动中增设与传统节日相关的项目，如端午节的龙舟赛、中秋节的传统游戏等，学生在参与活动的同时，也加深了对这些传统节日和习俗的理解与喜爱。这种结合不仅丰富了校园体育文化的内涵，还增强了学生对传统文化的亲近感。

体育赛事中展示地方特色与传统技艺，是促进学生对地域文化理解与尊重的有效途径。在学校举办的各类体育赛事中，融入地方特色的表演或展示，如地方舞蹈、传统技艺，不仅丰富了赛事内容，也让学生有机会直观感受地域文化的独特魅力。这种文化展示形式，能够有效提升学生对地域文化的理解与尊重，增强文化自信。

通过体育活动与文化教育相结合，学校能够培养学生的文化自信与社会责任感，形成积极向上的校园文化氛围。体育活动不仅是身体素质的锻炼，更是文化教育的重要载体。在活动中，学生在体验团队协作与竞争的同时，也在潜移默化中接受文化教育，增强对社会责任的认知。

## 第二节　体育教学模式对学校体育文化建设的影响

### 一、体育教学模式在学校体育文化中的应用策略

#### （一）教学模式的选择与实施

在学校体育文化建设中，教学模式的选择与实施是一个关键环节。体育教学模式的选择应充分考虑学生的兴趣和需求，选择适合的体育项目，这不仅能有效提升学生的参与积极性，还能显著提高学习效果。通过对学生兴趣的深入了解，教师可以选择更具吸引力的项目，从而激发学生的内在动力。此外，在选择体育项目时，也应结合学校的体育文化和资源条件，确保所选项目能够在现有条件下顺利实施，并最大化地发挥其教育功能。

结合不同的教学目标，采用多样化的教学策略是提高课堂互动性的重要手段。分组合作、游戏化教学等策略能够有效增强课堂的互动性，使学生在轻松愉悦的氛围中学习体育知识。这些策略不仅增加了学生之间的交流与合作，还能通过竞争与合作的形式提高学生的参与度和积极性。通过多样化的教学策略，教师可以更好地满足不同学生的学习需求，促进其全面发展和体育能力的提升。

在体育教学过程中,实践与理论的结合是促进学生对体育知识理解与应用的关键。通过实际操作,学生能够更直观地理解所学的理论知识,而通过反思,他们可以更深入地认识到实践中的不足与改进之处。这种理论与实践相结合的教学方式,不仅提高了学生的学习效率,还培养了他们的批判性思维和问题解决能力。教师在教学中应注重引导学生进行反思和总结,以促进其对体育知识的深层次理解。

鼓励学生自主选择运动方式和锻炼计划,是培养其自我管理能力和终身锻炼意识的有效途径。在体育教学中,教师应给予学生更多的自主权,让他们根据自身兴趣和能力选择适合的运动方式。这不仅能增强学生的自我管理能力,还能培养其对体育的持久兴趣和积极态度。通过这种自主选择的方式,学生更容易形成良好的锻炼习惯,从而实现终身体育的目标。

### (二)体育课程的设计与创新

体育课程设计应注重学生的兴趣导向,通过调研和反馈了解学生的偏好,从而选择和安排适合的体育项目。通过这种方式,学校能够更好地激发学生的参与热情,提升他们对体育活动的积极性和投入度。兴趣导向的课程设计不仅能提高学生的参与率,还能促进他们在体育活动中获得更大的成就感和满足感,从而增强他们对体育的长期兴趣。

在体育课程中融入跨学科元素是提升学生综合素养的有效策略。结合科学、艺术等学科的知识,丰富体育教学内容,不仅可以拓宽学生的知识面,还能培养他们的多元思维能力。例如,在体育课程中引入生物力学的基本原理,帮助学生理解运动中的科学原理;或者通过艺术的视角欣赏体育运动的美学价值。这种跨学科的融合能够使学生在体育学习中获得更为全面的教育体验,促进他们的全面发展。

采用项目化学习的方式,将体育课程与实际生活相结合,可以有效地增强学习的实用性。通过设计贴近生活的体育项目,鼓励学生在真实情境中应用所学知识,不仅能提高他们的动手能力和实践技能,还能加深他们对体育知识的理解和记忆。例如,通过组织社区体育活动或校园运动会,学生能够将课堂上学到的技能应用于实际,提升他们的组织能力和团队合作精神。

引入现代科技手段,如在线学习平台和运动监测工具,是提高课程互动性的重要举措。现代科技可以为学生提供个性化的学习体验,增强他们的参与感和学习效果。通过在线平台,学生可以灵活安排学习时间,随时获取学习资源;而运动监测工具则可以帮助学生实时跟踪自己的运动表现,及时调整训练计划。这种科技与体育教学的结合,为学生提供了一种全新的学习方式。

### (三)师资培训与发展

师资培训与发展在体育教学模式的实施中占据核心地位。为了提升教师的综合素质和教学能力,培训内容必须涵盖体育教学理论、教学方法和心理健康教育等多个方面。体育教学理论的学习能够帮助教师理解不同教学模式的适用场景和效果,从而在实际教学中做出更为科学的选择。教学方法的培训则旨在帮助教师更好地掌握课堂管理技巧和学生互动策略,提升教学的有效性。同时,心理健康教育也是不可或缺的一部分,它不仅关乎教师自身的心理健康,也影响到他们在教学中对学生心理状态的关注和引导能力。

建立持续的职业发展机制是确保教师能够长期保持高水平教学能力的关键。学校应当鼓励教师积极参加专业培训和进修,以保持对新兴体育教学模式的敏感性。这种机制不仅可以通过提供资金支持和时间保障来实现,还可以通过设立明确的职业发展路径来激励教师不断提升自我。此外,学校应当与外部教育机构和专家保持密切联系,确保教师能够接触到最新的教育研究成果和教学实践案例,从而在职业发展中获得更为广阔的视野。

通过校内外的交流与合作,教师可以在经验分享与学习中不断成长。学校应当定期组织教师参与不同形式的交流活动,如研讨会、工作坊和教学观摩等。这些活动不仅可以促进教师之间的经验分享,也有助于提升整体教学水平和团队合作精神。此外,学校还可以与其他学校或教育机构建立合作关系,开展联合培训或交流项目,从而为教师提供更多的学习机会和平台,促进教师专业能力的全面提升。

现代科技工具的引入为体育教学模式的创新提供了新的可能性。通过在线课程和虚拟教室等现代科技手段,教师可以更为灵活地开展教学活动,并为学生提供更为丰富的学习体验。这些工具不仅可以帮助教师提高教学效率,还可以为学生提供个性化的学习支持。此外,现代科技的应用也有助于教师更为精准地进行教学评估,从而为后续教学改进提供数据支持。

## 二、体育教学模式对学生体育素养的提升作用

### (一)体育素养的核心要素

体育素养的核心要素是学生在体育活动中所需具备的基本能力和品质。首

先,身体素质的全面提升是体育素养的基础。通过科学的体育教学模式,学生的力量、灵活性和耐力等基本运动能力都能得到显著增强。这不仅有助于提高学生的运动表现,也为他们的长期健康奠定了坚实的基础。体育教学模式通过系统化的训练和实践活动,帮助学生在不同的运动项目中全面发展身体素质,从而在日常生活和学习中表现出更好的体能和精神状态。

运动技能的掌握与应用是体育素养的另一个重要组成部分。学生在体育教学中学习并掌握各种运动技能,这些技能的灵活运用使他们能够积极参与各种体育活动。通过对技术动作的理解和运用,学生不仅能够提高个人运动水平,还能在不同的体育情境中展现出良好的适应能力。体育教学模式注重技能的实用性和多样性,使学生在掌握基本技能的同时,能够在实际运动中灵活应用,从而提高整体运动素养。

团队合作能力的培养是体育教学模式的关键目标。通过参与集体项目,学生在团队中学习协作与沟通的重要性。这种能力的培养不仅局限于体育活动本身,还对学生的日常学习和生活产生积极影响。体育教学模式通过设计各种团队合作活动,增强学生的协作意识,帮助他们在团队中找到自己的角色,提升团队凝聚力和整体表现。团队合作能力的提升,使学生更容易在集体中发挥作用,增强了他们的社会适应能力。

在心理素质方面,体育活动为学生提供了锻炼自信心、抗压能力和情绪管理能力的平台。体育教学模式通过挑战性的活动和竞争性项目,帮助学生在压力和困难中学会保持冷静和积极的心态。这不仅提高了他们的心理韧性,也为他们在学业和生活中应对各种挑战提供了支持。体育活动中的成功与失败,都是学生心理成长的重要契机,使他们在不断的锤炼中变得更加成熟和自信。

### (二)教学模式对技能发展的影响

体育教学模式在学生技能发展的过程中扮演着至关重要的角色。通过多样化的教学方法,体育教学模式能够促进学生在不同运动项目中的技能全面发展。多样化的教学方法不仅能够激发学生的学习兴趣,还能增强其在不同运动项目中的适应能力。这种适应能力是学生在面对各种运动挑战时的基础,有助于他们在运动中发挥出最佳水平。体育教学模式通过灵活的教学策略,使得学生能够在学习过程中,逐步掌握不同运动项目的核心技能,从而提升其整体运动表现。

实践导向的教学模式是促进学生技能发展的有效途径之一。通过在真实的运动情境中应用所学技能,学生能够更好地理解和内化所学的运动技巧。这种教学模式不仅提高了学生的运动表现,还增强了他们在实际运动中的应变能力。实践导向的教学模式为学生提供了一个将理论与实践相结合的平台,使他们能够在不断的实践中提高自己的运动技能,并在真实的运动环境中检验和巩固这些技能。

教学模式的灵活性是其促进学生技能发展的另一个重要因素。灵活的教学模式允许教师根据学生的个体差异调整教学策略,从而更有效地促进每个学生的技能掌握。教师可以根据学生的不同需求和能力水平,设计出个性化的教学计划,以确保每个学生都能在适合自己的节奏下学习和进步。这种个性化的教学方式,有助于提高学生的学习效率和运动技能水平,使他们在体育学习中获得更大的成就感。

团队合作的教学模式在促进学生技能发展方面也具有显著的优势。通过团队合作,学生能够在集体项目中增强协作能力,并在实践中学习到团队配合的重要性。团队合作的教学模式不仅能提高学生的集体荣誉感,还能培养他们的沟通能力和领导能力。这些能力在学生的未来生活和工作中都将发挥重要作用。因此,团队合作的教学模式在学校体育教学中具有重要的实践意义。

### (三)体育态度与价值观的培养

体育态度与价值观的培养在体育教学模式中占据核心位置。通过参与多样化的体育活动,学生能够培养积极的体育态度,形成对运动的热爱与投入。这种热爱不仅体现在对某一项运动的执着追求上,还体现在对体育锻炼的自觉性上。学生在体育活动中体验到身体与心灵的双重愉悦,逐渐形成了对健康生活方式的积极认同。这种认同感促使他们更加主动地参与到日常锻炼中,进而促进身心的全面发展。体育教学模式通过不断创新与实践,引导学生在体育活动中找到乐趣与意义,进而提升其体育素养。

体育教学模式不仅关注身体素质的提升,还强调学生价值观的形成。通过体育活动中的公平竞争,学生能够树立正确的价值观,学会尊重对手与规则,培养诚信与公正的态度。在比赛中,学生体会到遵守规则的重要性,这种体验不仅在体育活动中有益,更在日常生活中具有深远影响。体育教学模式通过营造公平竞争的氛围,帮助学生理解胜负之外的深刻意义,进而形成良好的体育道德观念。这种观念的养成是体育教育的重要目标,能够为学生未来的成长奠定坚实的道德基础。

在团队运动中,体育教学模式强调合作与沟通的重要性。学生在参与团队运动时,逐渐认识到个体与集体的关系,增强了集体意识。通过共同的目标与努力,学生培养了团队精神与社会责任感。在团队中,学生学会了如何与他人协调合作,如何在团队中发挥自己的优势,以及如何为团队的成功贡献力量。这种集体意识的培养不仅有助于学生在体育活动中的表现,也为其未来的社会生活打下了良好的基础。体育教学模式通过团队运动,帮助学生理解合作的重要性,培养其社会适应能力。

多样化的体育活动让学生有机会接触不同文化背景与体育项目,培养对多元文化的理解与包容态度。体育教学模式通过引入多元化的体育项目,丰富了学生的视野,增强了其对多元文化的认知与尊重。在参与这些活动时,学生不仅学习到了不同国家和地区的体育文化,还在实践中体验到了文化的多样性与包容性。这种文化理解的培养,有助于学生在全球化背景下更好地适应多元文化的社会环境,提升其国际视野与跨文化交流能力。

体育教学过程中,教师通过榜样示范与引导,帮助学生树立积极的生活理念。教师在体育教学中不仅是知识的传授者,更是学生的榜样与引导者。通过自身的行为示范与积极的生活态度,教师能够有效地影响学生的价值观与生活方式。体育教学模式强调教师的引导作用,通过榜样的力量,帮助学生树立健康生活的理念,促进健康生活方式的形成。

## 三、体育教学模式对学校体育文化氛围的营造

### (一)校园体育文化活动的策划

校园体育文化活动的策划是营造良好学校体育文化氛围的重要环节。明确校园体育文化活动的主题是策划的首要任务。结合学校的整体文化目标与学生的兴趣,制定活动的内容与形式,以确保活动的吸引力与参与度。活动主题的选择应契合学生的兴趣与需求,同时反映学校的文化价值观。通过主题的明确,活动可以更好地引导学生参与,促进学生身心全面发展。此外,活动主题还应具有一定的创新性,以激发学生的好奇心和参与热情。

组建由师生共同参与的活动策划团队,是提升活动民主性与包容性的有效途径。通过广泛听取学生的意见与建议,活动策划团队可以更好地了解学生的需求与期望,从而制定出更具针对性和吸引力的活动方案。这种师生共同参与的模式,不仅能够增强活动的民主性与包容性,还能提升学生的归属感与参与感。学生在参与策划的过程中,可以提高自身的组织能力和团队合作精神,为学校体育文化氛围的营造贡献力量。

制定详细的活动实施方案是确保活动顺利进行的关键。活动实施方案应包

括时间安排、场地选择、资源配置及安全保障措施等内容。合理的时间安排可以避免活动与学生的学习时间冲突,场地选择应考虑活动的性质与规模,确保活动空间的充足与安全。资源配置则需根据活动的具体需求进行合理调配,以保障活动的顺利进行。安全保障措施的制定是活动实施方案中不可或缺的一部分,确保学生在活动中的安全是活动成功的前提。

利用多媒体和社交平台进行活动宣传,是吸引更多学生参与的重要手段。通过多媒体和社交平台,活动的信息可以快速传播,吸引更多学生的关注与参与。同时,活动的宣传还可以增强活动的知名度与影响力,营造良好的校园体育文化氛围。在宣传过程中,应注重宣传内容的创新性与吸引力,利用图文并茂的形式吸引学生的注意力,提高活动的参与度。

## (二)体育文化宣传与推广

在学校体育文化建设中,制定校园体育文化宣传计划是首要任务,明确的宣传目标与受众能够确保宣传活动的有效性与针对性。通过精心策划的宣传策略,学校可以在学生中间营造出浓厚的体育文化氛围。明确的宣传计划不仅帮助学校在资源分配上更为高效,还能在短时间内实现最大化的宣传效果,增强学生对体育文化的认同感。

利用多媒体平台进行体育文化的广泛传播是现代学校不可或缺的手段。学校网站、社交媒体和校园广播等多种渠道可以增强学生的参与意识,激发他们对体育活动的兴趣。通过这些平台,学校能够发布体育赛事信息、运动员风采以及体育知识,丰富学生的课余生活。此外,多媒体平台还能实时反馈学生对体育活动的参与度和兴趣点,为学校进一步优化体育文化宣传策略提供数据支持。

组织定期的体育文化活动,如体育节、运动会等,能够有效结合趣味性和竞技性,吸引更多学生参与并增强校园凝聚力。这些活动不仅是展示学校体育文化的窗口,也是学生展示自我、交流互动的平台。通过精心设计的活动内容,学生在参与中体验到体育的乐趣,培养了团队合作精神和竞争意识。这种积极的体验有助于学生形成健康的生活方式和积极向上的人生观。

建立学生体育文化宣传团队,让学生参与到宣传活动的策划与实施中,能够有效提升他们的责任感与归属感。在团队中,学生不仅可以学习到组织和管理的技能,还能通过实践提升其沟通和协调能力。这种参与式的宣传模式,不仅增强了学生对体育文化的认同感,也培养了他们的领导力和创新能力,为学校体育文化的可持续发展奠定了基础。

### (三)学生参与度的激励措施

在现代学校体育文化建设中,学生参与度的激励措施发挥着至关重要的作用。这些措施不仅促进了学生的身体健康,也提升了他们对学校体育活动的积极性。设立学生参与奖励机制是一种有效的方式,通过积分、奖品等形式,鼓励学生积极参与各类体育活动。这种激励机制不仅能激发学生的参与热情,还能培养他们的竞争意识和团队精神。通过奖励机制,学生在参与体育活动时,不仅仅是为了锻炼身体,更是为了获得成就感和自我价值的实现。

组织定期的体育活动评比和展示,也是提升学生参与度的重要手段。通过这些活动,学生有机会在全校范围内展示自己的运动才能,这不仅增强了他们的自豪感和归属感,更有助于培养他们的自信心。在评比和展示中,学生通过相互学习和借鉴,不断提高自己的运动技能和水平。此外,这些活动还能促进学生之间的交流与合作,增强集体荣誉感,推动学校体育文化的全面发展。

引入学生代表参与体育活动的策划与组织,是另一种提高学生参与感和责任感的有效途径。赋予学生决策权,让他们参与到活动的设计和实施过程中,不仅能激发他们的创造力和主动性,还能培养他们的组织能力和领导能力。这种参与方式,使学生在体育活动中不仅仅是参与者,更是活动的设计者和推动者,从而增强他们对学校体育文化的认同感和归属感。

开展体育活动的主题宣传,是激发学生对体育活动关注与参与兴趣的重要手段。通过海报、视频等多种形式的宣传,能够有效地吸引学生的注意力,激发他们参与体育活动的兴趣。这种宣传方式,不仅能提高体育活动的知名度和影响力,还能营造出积极向上的校园体育氛围,推动学校体育文化的良性发展。

## 第三节 利用体育教学模式传承与创新学校体育文化

### 一、体育教学模式在文化传承中的作用

#### (一)传统体育项目的传承

体育教学模式在传承传统体育项目中具有重要作用。在学校体育教学中,传统体育项目不仅是一种身体活动形式,更是文化传承的载体。通过将传统体育项

目嵌入学校课程设计,学生不仅能够学习到这些项目的基本技能与规则,还能在潜移默化中接受传统文化的熏陶。传统体育项目如武术、太极、龙舟等,蕴含着丰富的历史文化内涵,通过系统的教学设计,使学生在参与过程中感受到传统文化的魅力,进而对民族文化产生认同感。

在学校体育教学中,传统体育项目的嵌入需要通过合理的课程设计来实现。教师可以通过对课程内容的安排,将传统体育项目的基本技能与规则教授给学生。例如,在体育课中引入武术基本动作的学习,不仅有助于提高学生的身体素质,还能让学生在实践中掌握这些项目的核心技艺。教师在设计课程时,应注重项目的趣味性与挑战性,以激发学生的学习兴趣和参与热情。此外,通过结合现代教学技术,如视频教学和模拟训练,可以提高学生对传统体育项目的理解和掌握程度。

传统体育项目的文化背景是增强学生民族文化认同感的重要因素。在体育教学中,教师可以通过讲解项目的历史渊源和文化背景,帮助学生理解这些项目所承载的民族精神和价值观。例如,太极拳不仅是一种健身方式,更是中华文化的象征,其背后蕴含的哲学思想和生活智慧值得学生深入探讨。通过对传统体育项目文化内涵的挖掘,学生能够在学习过程中逐渐形成对民族文化的认同感与归属感,进而增强文化自信。

传统体育项目的比赛与展示活动是激发学生参与热情的重要途径。学校可以定期组织传统体育项目的比赛,如龙舟赛、武术表演等,通过这些活动让学生在实践中感受团队合作的重要性。比赛不仅是对学生技能的检验,更是培养团队合作意识与集体荣誉感的良好契机。在比赛中,学生需要协同合作,共同面对挑战,这种经历有助于提高他们的集体意识和责任感。同时,通过展示活动,学生能够在互相观摩和学习中提高自身的技能水平,增强对传统体育项目的兴趣。

### (二)体育精神的弘扬

体育精神不仅仅是竞技场上的表现,更是一种生活态度和价值观的体现。通过体育教学模式的创新与实践,学校可以有效地弘扬这种精神,激励学生在面对挑战时坚持不懈,努力追求卓越。这种精神的培养,有助于学生形成积极向上的人生态度,帮助他们在学业和生活中不断进步。体育教学模式通过设置挑战性任务和目标,引导学生在克服困难的过程中体验成功的喜悦,从而增强他们的自信心和毅力。

在体育课程中融入团队合作的价值观,是弘扬体育精神的另一重要途径。团队合作不仅能增强学生的集体荣誉感,还能培养他们的社会责任感。通过体育教学模式,学生在团队活动中学习如何相互支持、共同进步。这种合作精神不仅在体育场上有用,在日常生活和未来的职业生涯中同样重要。学校通过设计各种团队项目和活动,让学生在实践中体会到合作的力量和乐趣,从而在潜移默化中增强团队意识。

体育活动中传递的公平竞争理念,也是体育精神的重要组成部分。通过体育教学模式,学生被引导去尊重对手和规则,培养诚信意识和公正态度。这不仅有助于形成良好的体育道德观念,还能在更广泛的社会交往中发挥积极作用。学校可以通过模拟比赛和角色扮演等方式,让学生在实践中理解和感受公平竞争的意义,从而在日常生活中自觉维护公平和正义。

通过组织体育赛事和文化活动,学校可以进一步增强学生对体育精神的认同与理解。这些活动不仅是体育精神的展示平台,也是学校体育文化传承与创新的重要载体。在这种氛围中,学生能够感受到体育精神的魅力,并在潜移默化中形成积极的价值观和人生观。这种积极的校园氛围,有助于形成良好的学校体育文化,并推动其不断创新与发展。

## 二、体育文化元素在教学模式中的融合

### (一)本土文化元素的融入

在现代体育教学模式中,本土文化元素的融入是一种有效的策略,不仅能够丰富体育课程的内容,还能增强学生对地方文化的认同感,促进文化自信的培养。将本土传统体育项目融入教学中,是实现这一目标的重要途径。例如,通过教授学生传统的民族体育项目,如武术、龙舟、舞狮等,不仅可以让学生体验到不同于现代体育的独特魅力,还能帮助他们更深刻地理解和欣赏自己所处地域的文化底蕴。这种文化认同感的增强,不仅有助于学生自身文化自信的提升,也为学校体育文化的建设注入了新的活力。

通过组织本土文化主题的体育活动,可以进一步激发学生参与的热情,并强化他们的团队合作意识与集体荣誉感。以本土节日或文化庆典为契机,设计相应的体育活动,如民族运动会、传统体育比赛等,能够让学生在参与过程中感受到集体活动的乐趣和团队协作的重要性。这些活动不仅丰富了学生的课余生活,也在

潜移默化中将团队合作与集体荣誉感植入学生的心中,为学校体育文化的传承与创新提供了坚实的基础。

在体育课程中结合本土文化的价值观教育,是引导学生树立积极的生活态度与健康竞争意识的关键。体育不仅仅是身体的锻炼,更是精神的磨砺和价值观的塑造。通过在体育教学中融入本土文化的价值观,如尊重、团结、拼搏等,可以帮助学生在运动中体会到这些价值观的实际意义。在比赛中学习尊重对手,在团队活动中感受团结的力量,在挑战自我中体验拼搏的精神,这些都将成为学生终身受益的良好品质。

### (二)国际体育文化的引入

国际体育文化的引入对于学校体育文化的建设具有重要意义。通过引入国际体育项目,学生能够接触到多样化的体育选择,这不仅丰富了他们的体育活动种类,也激发了他们对不同运动的兴趣。国际体育项目的多样性为学生提供了广阔的选择空间,促进了他们在运动中的多样化参与。这种多样化的参与不仅有助于提升学生的身体素质,还能培养他们的兴趣爱好,使他们在体育活动中找到乐趣,增强对体育的热爱和投入。

通过国际体育文化活动,学生能够更深入地理解全球体育精神。这些活动不仅是体育技能的展示,更是文化交流的平台。学生在参与这些活动的过程中,能够感受到不同国家和地区的体育精神,这种体验有助于培养他们的开放包容的国际视野。理解全球体育精神不仅仅是对体育的理解,也是对不同文化的尊重与包容,这对于学生的全面发展具有积极的推动作用。

结合国际体育赛事的经验,学校可以提升自身体育活动的组织与管理水平。国际体育赛事在组织和管理方面有许多值得借鉴的经验,这些经验可以应用于学校的体育活动中,提高活动的专业性和吸引力。此外,在参与和观摩国际体育赛事的过程中,学生能够学习到团队合作与竞争意识的重要性。这种意识的培养对于学生在未来社会中的发展具有重要意义,因为它不仅限于体育领域,还广泛适用于其他生活和工作场景。

利用国际体育文化的元素,设计跨文化交流的体育活动,可以有效增强学生对多元文化的尊重与理解。通过参与这些跨文化的体育活动,学生有机会与来自不同文化背景的同龄人互动,了解他们的体育习惯和文化传统。这种跨文化交流不仅丰富了学生的文化视野,也增强了他们的沟通能力和合作精神。

## 三、体育教学模式对学生文化认同的影响

### (一)增强学生文化自信

体育教学模式在增强学生文化自信方面发挥着重要作用。通过参与传统体育项目,学生能够深入了解和体验本土文化,增强对自身文化的认同感和自豪感。例如,传统的武术、太极拳等项目不仅是体育活动,更是文化的载体。学生在学习这些项目的过程中,不仅锻炼了身体,还通过项目的历史背景、技艺传承等方面的学习,感受到本土文化的深厚底蕴。这种体验式的学习模式,使学生在潜移默化中增加了对本土文化的理解与热爱,从而增强了文化自信。

在体育教学中融入本土文化元素,是培养学生对传统价值观理解的重要方式。体育教师可以通过在课程中加入具有地方特色的体育项目,或者在教学过程中讲解项目背后的文化故事,让学生在运动中感受到传统文化的魅力。这种教学方式不仅丰富了体育教学的内容,还使学生在理解和认同传统文化的过程中,形成对自身文化的自信与尊重。文化自信的培养不仅限于课堂内,更需要在日常的体育活动中不断渗透和强化。

通过组织与本土文化相关的体育活动,能够激发学生的参与热情,并增强他们对本土文化的归属感。例如,学校可以定期举办传统体育节,邀请学生参与各类传统体育项目的比赛或表演。这些活动不仅提供了展示和锻炼的平台,还让学生在参与和互动中感受到本土文化的魅力和价值。通过这样的活动,学生不仅在身体素质上得到提升,更在心理层面上增强了对本土文化的归属感和认同感。

### (二)促进多元文化理解

在全球化背景下,文化多样性成为教育中不可或缺的一部分。体育作为一种跨文化的交流语言,能够有效地打破文化隔阂,使学生在运动中感受到不同文化的魅力。通过参与多样化的体育活动,学生不仅能够学习到不同的运动技术和规则,还能理解这些运动背后蕴含的文化意义和价值观念。这种体验式学习能够帮助学生在实践中体会到文化多元性的重要性,培养他们对多样文化的开放态度和包容精神。

在体育教学中融入国际体育项目,能够使学生了解全球范围内的体育文化,培养他们对不同国家和民族的尊重与欣赏。国际体育项目如足球、篮球、橄榄球

等,具有广泛的国际影响力,是各国文化交流的重要载体。通过参与这些活动,学生不仅能够提升自身的体育技能,还能在竞赛中体验到不同国家的体育文化特色。这种跨文化的体育体验有助于学生在理解和尊重其他文化的同时,反思和重新审视自身的文化背景,形成更为全面的文化认同感。此外,国际体育项目的引入也为学生提供了一个学习外语和跨文化沟通的实践平台,进一步加深他们对全球文化的认识。

通过组织跨文化交流的体育赛事,学生能够在竞争与合作中学习到不同文化的团队精神与合作方式,促进文化间的相互理解。跨文化体育赛事不仅是体育技能的较量,更是文化交流的盛会。在这样的赛事中,学生需要与不同文化背景的队友合作,面对文化差异带来的挑战,寻找最佳的合作方式。这种经历能够培养学生的团队合作精神和跨文化沟通能力,使他们在未来的国际化环境中更具竞争力。

## 四、体育教学模式与学校文化活动的结合

### (一)校园体育节的组织

校园体育节作为学校体育文化活动的重要组成部分,其组织与实施直接影响到学校体育文化的传承与创新。校园体育节的主题设定至关重要,围绕健康、团结和友谊的核心理念,可以设计多样化的活动内容以吸引学生的积极参与。通过设置不同的运动项目和趣味活动,学生不仅能在参与中锻炼身体,还能在相互合作中增进友谊和团队精神。主题的明确性和活动的多样性是吸引学生参与的关键,也是校园体育节成功的基础。

在组织与管理方面,建立明确的分工与协调机制是确保校园体育节顺利进行的保障。学校应成立专门的组织委员会,负责活动的整体策划和实施。各项赛事和活动需要有具体的负责人,并明确各自的职责范围,以便在活动过程中能够迅速应对突发情况。协调机制的有效性不仅体现在活动的执行过程中,更体现在前期的准备和后期的总结中,通过科学的管理提升活动的整体效率和效果。

宣传与动员策略在校园体育节的成功举办中同样扮演着重要角色。通过海报、社交媒体和校园广播等多种渠道,可以有效地增强学生对校园体育节的参与意识与兴趣。宣传内容应突出活动的亮点和参与的价值,以激发学生的参与热

情。动员策略还可以包括邀请知名校友或体育明星参与活动,以增加活动的吸引力和影响力,从而使更多的学生感受到体育活动的魅力。

### (二)体育社团活动的开展

体育社团活动的开展在学校体育文化建设中扮演着重要角色。体育社团不仅仅是学生参与体育活动的平台,更是学校体育文化传承与创新的重要载体。通过社团活动,学生不仅可以锻炼身体素质,还能在活动中感受体育精神的熏陶。社团活动的开展需要学校和教师的精心组织和引导,以确保活动的顺利进行和良好效果。学校应当为社团活动提供必要的场地、设备和资金支持,以保障活动的持续性和多样性。

体育社团活动的多样性是其吸引学生参与的重要因素。社团活动涵盖了各类运动项目,从传统的篮球、足球、排球,到新兴的极限飞盘、攀岩、瑜伽等,能够满足学生不同的兴趣与需求。这种多样性不仅激发了学生参与的热情,还促进了学生对体育项目的广泛了解和实践。通过参与不同类型的体育活动,学生可以发现自己的兴趣所在,从而在特定领域深入发展,形成个人特长。

社团活动的组织形式灵活多样,是其能够长久吸引学生的重要原因之一。社团活动不仅包括定期的训练,还组织友谊赛、技能交流、专题讲座等多种形式。这些活动形式的多样性,不仅增强了学生的参与感和新鲜感,还能有效提高学生的团队合作能力。在友谊赛中,学生通过合作与竞争,学会了如何在团队中发挥作用;而在技能交流中,学生则能通过互相学习,提升自身的技术水平和综合素质。

通过社团活动,学生在实践中锻炼领导能力,培养策划与组织能力,提升自我管理意识。社团活动通常由学生自行组织和管理,这为他们提供了一个锻炼领导力和组织能力的平台。在活动中,学生需要进行活动策划、人员协调、资源调配等一系列工作,这些都锻炼了他们的综合能力。此外,自我管理意识的提升也是社团活动的重要成果之一,学生在活动中学会了时间管理和自我约束,为未来的发展奠定了基础。

社团活动为学生提供展示自我的平台,通过比赛与表演增强自信心,促进校园文化的积极氛围。在社团活动中,学生有机会在比赛和表演中展示自己的才华,获得同伴和教师的认可和鼓励。这种积极的反馈机制,不仅增强了学生的自信心,还激励他们不断追求更高的目标。

# 参考文献

[1]韩培霞.高校体育教学模式与训练实践理论探索[M].长春:吉林出版集团股份有限公司,2022.

[2]庄杰,陈雅琪,付晶晶.体育教学模式与训练实践研究[M].长春:吉林出版集团股份有限公司,2022.

[3]张晓川,高健,任翔.体育教学改革创新与训练实践研究[M].沈阳:辽宁人民出版社,2023.

[4]魏小芳,丁鼎.高校体育教学管理改革与模式构建探索[M].长春:吉林人民出版社,2022.

[5]田伟.高校体育科学化教学的创新与实践[M].长春:吉林大学出版社,2023.

[6]冯渭宏,王霞.体育课程教学模式与改革探索[M].长春:吉林出版集团股份有限公司,2019.

[7]彭筱,聂鑫,李玉.体育训练与教学模式创新[M].长春:吉林摄影出版社,2023.

[8]马青山.体育课程教学改革的理论与实践探索[M].郑州:河南人民出版社,2019.

[9]曹垚.现代体育教学理论与实践训练探索[M].长春:吉林人民出版社,2020.

[10]温宇蓉,郭亚琼.基于体质健康视角的体育教学优化创新研究[M].北京:中国书籍出版社,2022.

[11]田庆柱.新媒体视阈下体育教学模式创新研究[M].长春:吉林大学出版社,2020.

[12]邱建华,杜国如.体育与健康教学研究[M].南昌:江西科学技术出版社,2019.

[13]谢明.高校体育教育理论探索与实务研究[M].长春:吉林人民出版社,2020.

[14]张力.体育课程教学优化及其与信息技术融合的探索[M].北京:中国书籍出版社,2019.

[15]冯世勇.体育文化与实践研究[M].北京:中国政法大学出版社,2019.